상위 10% 영재아를 위한

한버공
영재
수학퀴즈
②

상위 10% 영재아를 위한 수학퀴즈

연산 문제 하나 더 빨리 푸는 것보다 골똘히 두뇌 회전 한 번 하는 건 어떤가요?

수학적 사고력의 깊이는 유연하고 다양한 뜻밖의 생각을 떠올리는 데에서 생기지 않을까요?

여러 가지 유형의 수학 퀴즈를 풀어보면서 수학놀이의 재미를 느껴 보시길 !!!!!

차 례

문제 1 · 사각형 나누기 …… 5

문제 2 · 숫자 채우기 ……… 7

문제 3 · 숫자 채우기 ……… 9

문제 4 · 숫자퍼즐 맞추기 …11

문제 5 · 주사위 눈의 수 쓰기 …13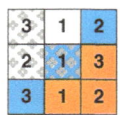

문제 6 · 별무늬 퍼즐 오리기 …15

문제 7 · 별무늬 퍼즐 오리기 …17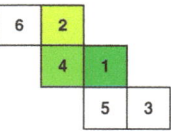

문제 8 · 퍼즐 조각 오리기 …19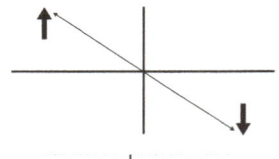

문제 9 · 직사각형 만들기 … 21

문제 10 · 아래 카드 찾기 …… 23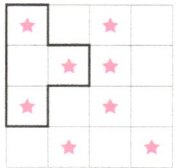

문제 11 · 아래 막대 찾기 …… 25

문제 12 · 고리 연결하기 …… 27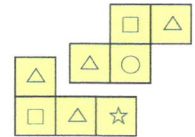

문제 13 · 원판 쌓기 ………… 29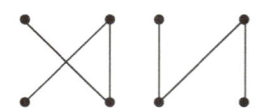

문제 14 · 점대칭 그리기 …… 31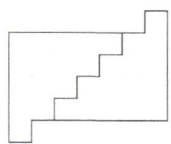

문제 15 · 점대칭 찾기 ……… 33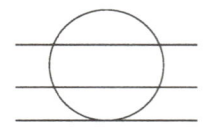

문제 16 · 직선 2개로 점 연결하기 · 35

문제 17 · 직선 3개로 점 연결하기 · 37

문제 18 · 동그라미 3조각 나누기 · 39

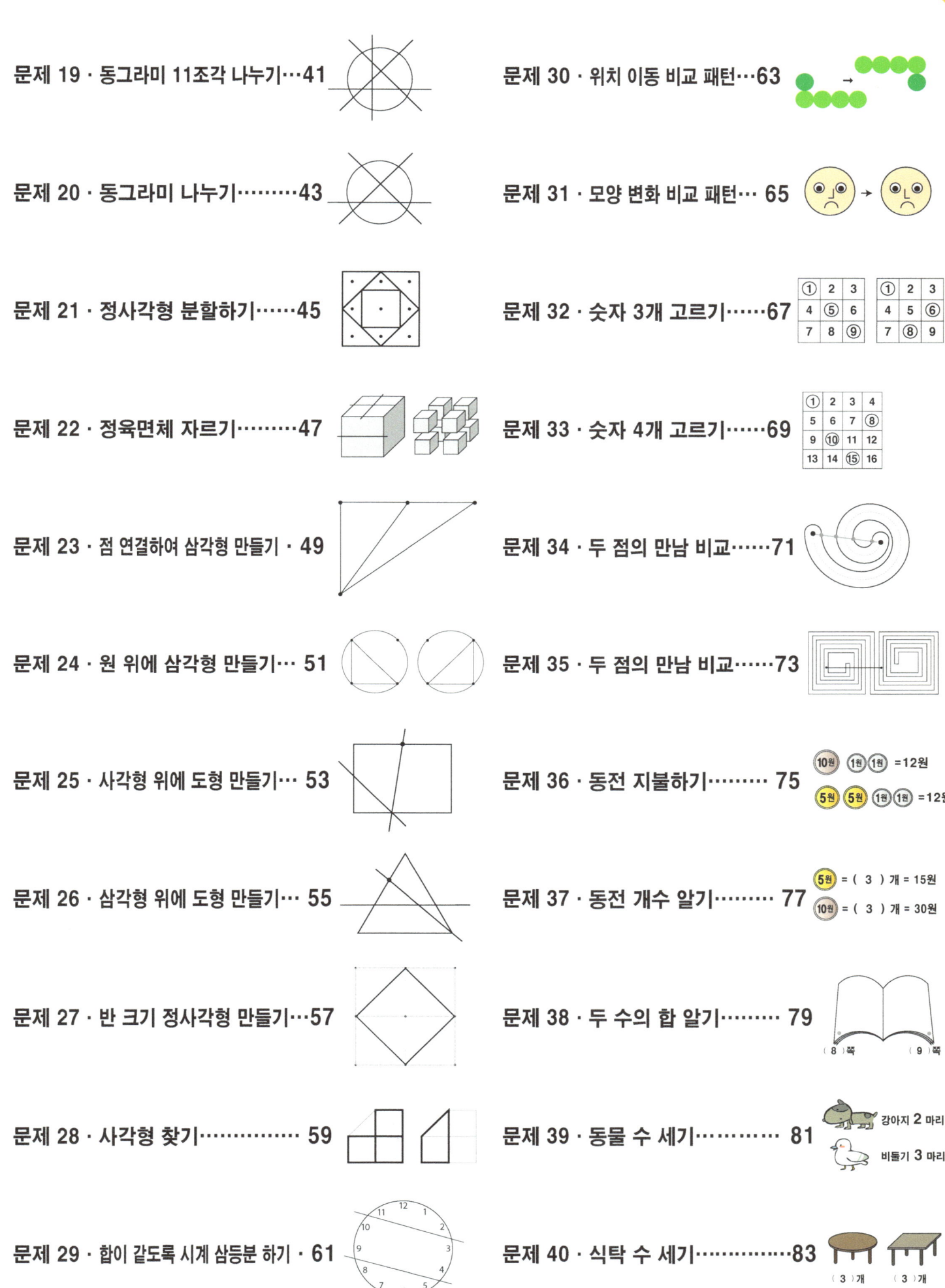

문제 19 · 동그라미 11조각 나누기…41

문제 20 · 동그라미 나누기………43

문제 21 · 정사각형 분할하기……45

문제 22 · 정육면체 자르기………47

문제 23 · 점 연결하여 삼각형 만들기 · 49

문제 24 · 원 위에 삼각형 만들기… 51

문제 25 · 사각형 위에 도형 만들기… 53

문제 26 · 삼각형 위에 도형 만들기… 55

문제 27 · 반 크기 정사각형 만들기…57

문제 28 · 사각형 찾기……………59

문제 29 · 합이 같도록 시계 삼등분 하기 · 61

문제 30 · 위치 이동 비교 패턴…63

문제 31 · 모양 변화 비교 패턴… 65

문제 32 · 숫자 3개 고르기……67

문제 33 · 숫자 4개 고르기……69

문제 34 · 두 점의 만남 비교……71

문제 35 · 두 점의 만남 비교……73

문제 36 · 동전 지불하기………· 75

문제 37 · 동전 개수 알기……… 77

문제 38 · 두 수의 합 알기……… 79

문제 39 · 동물 수 세기………… 81

문제 40 · 식탁 수 세기……………83

상위 10% 영재아를 위한 수학퀴즈

문제 1 · 사각형 나누기

아래 사각형을 숫자 크기에 맞게 직사각형이나 정사각형으로 나누시오.
(숫자는 정사각형의 개수입니다.)

	4		
3			3
	2		

문제 1(풀이)

아래 사각형을 숫자 크기에 맞게 직사각형이나 정사각형으로 나누시오.
(숫자는 정사각형의 개수입니다.)

문제 2 · 숫자 채우기

네모칸에 3, 4, 5, 6 숫자를 채우려고 합니다.
왼쪽의 수가 오른쪽보다 작아야 합니다. 위의 수가 아래 수보다 작아야 합니다.
아래 네모칸을 채우시오.

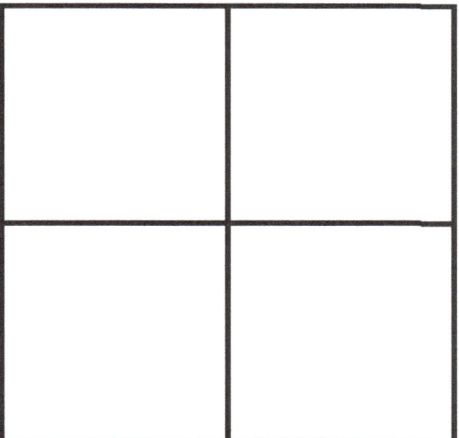

문제 2(풀이)

네모칸에 3, 4, 5, 6 숫자를 채우려고 합니다.
왼쪽의 수가 오른쪽보다 작아야 합니다. 위의 수가 아래 수보다 작아야 합니다.
아래 네모칸을 채우시오.

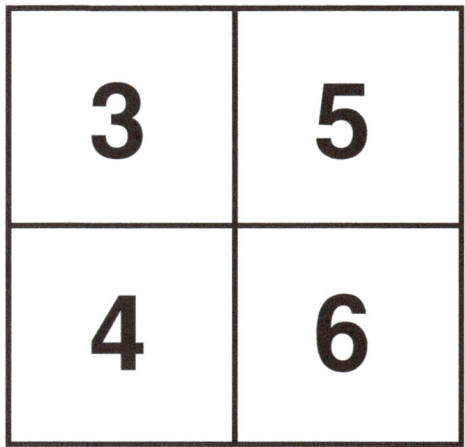

문제 3 · 숫자 채우기

1, 2, 3 세 개의 숫자를 세 번씩 사용하여 9칸을 채웠습니다.
규칙에 따라 빈 칸에 들어올 숫자를 쓰시오.

규칙

1. 가로와 세로줄에는 같은 숫자가 올 수 없습니다.
2. 굵은 선 안의 작은 숫자는 선 안의 숫자의 합입니다.

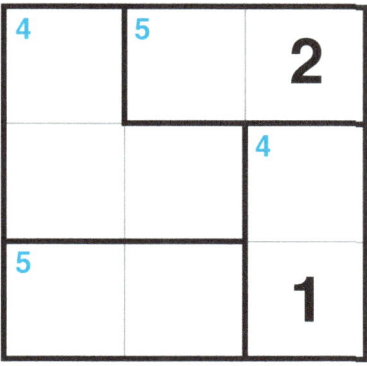

문제 3(풀이)

1, 2, 3 세 개의 숫자를 세 번씩 사용하여 9칸을 채웠습니다.
규칙에 따라 빈 칸에 들어올 숫자를 쓰시오.

규칙

1. 가로와 세로줄에는 같은 숫자가 올 수 없습니다.
2. 굵은 선 안의 작은 숫자는 선 안의 숫자의 합입니다.

⁴1	⁵3	2
2	1	⁴3
⁵3	2	1

문제 4 · 숫자퍼즐 맞추기

1, 2, 3 세 개의 숫자를 세 번씩 사용하여 9칸을 채웠습니다.
퍼즐 조각을 보고 빈 칸에 들어올 숫자를 쓰시오.

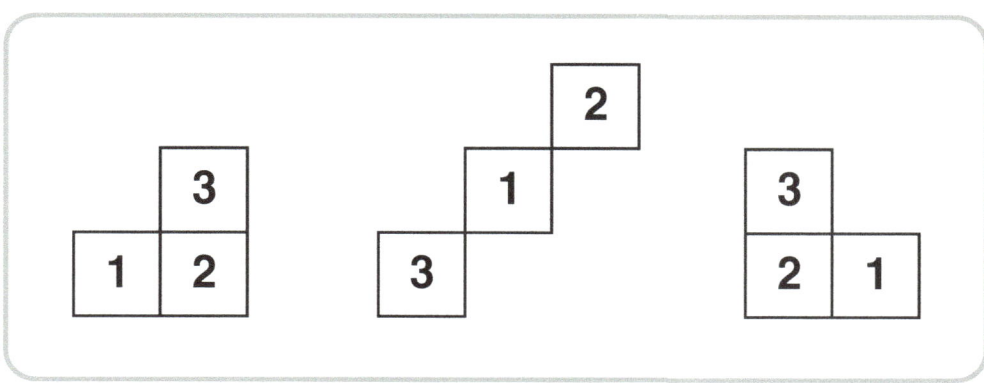

문제 4(풀이)

1, 2, 3 세 개의 숫자를 세 번씩 사용하여 9칸을 채웠습니다.
퍼즐 조각을 보고 빈 칸에 들어올 숫자를 쓰시오.

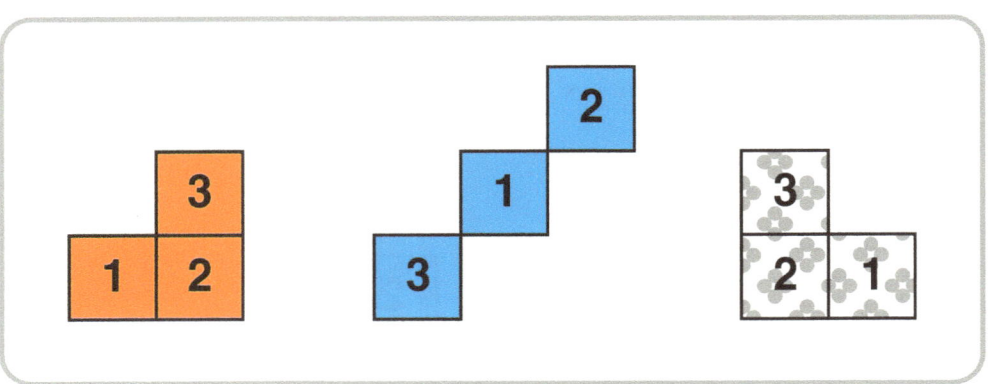

3	1	2
2	1	3
3	1	2

3	1	2
2	1	3
3	1	2

문제 5 · 주사위 눈의 수 쓰기

주사위의 마주 보는 눈의 합은 7입니다.
아래 주사위 전개도의 나머지 눈의 수를 쓰시오.

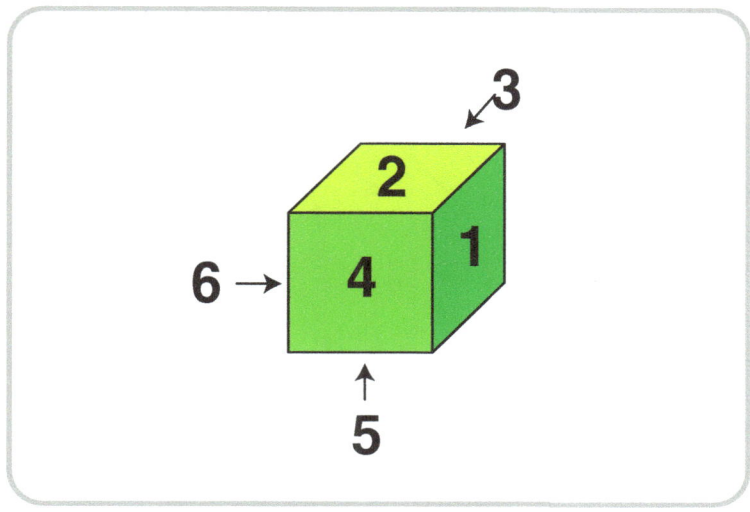

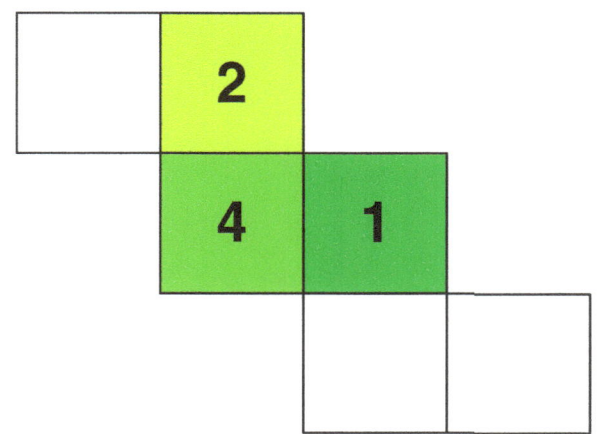

문제 5(풀이)

주사위의 마주 보는 눈의 합은 7입니다.
아래 주사위 전개도의 나머지 눈의 수를 쓰시오.

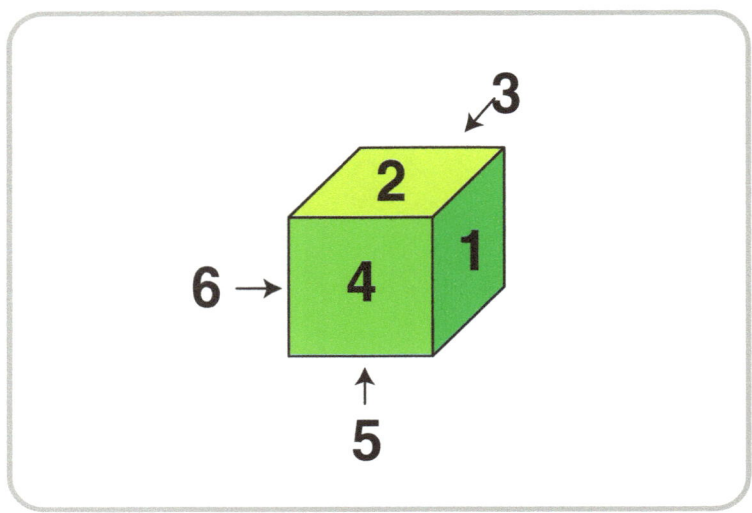

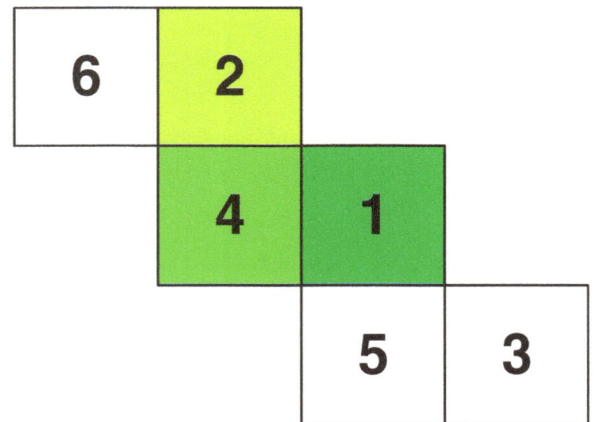

문제 6 · 별무늬 퍼즐 오리기

아래 도형을 오렸을 때 나올 수 없는 모양에 ○ 표 하시오.

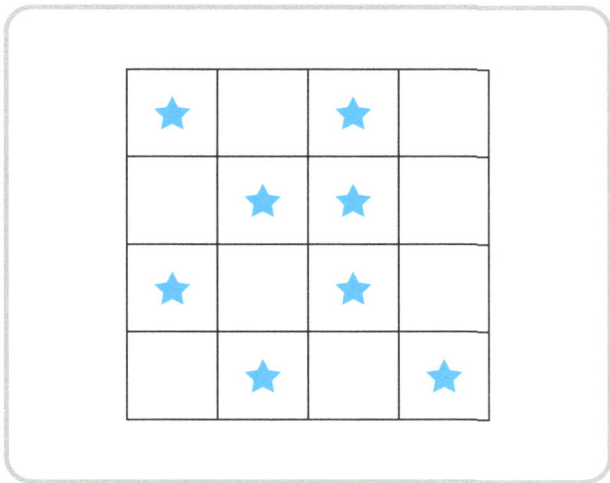

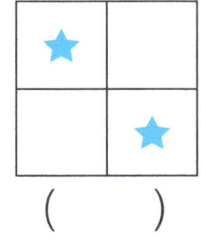
(   )

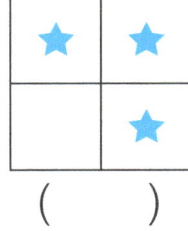
(   )

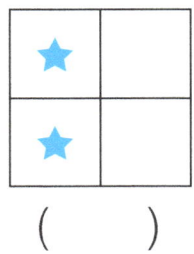
(   )

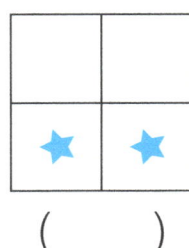
(   )

문제 6(풀이)

아래 도형을 오렸을 때 나올 수 없는 모양에 ○ 표 하시오.

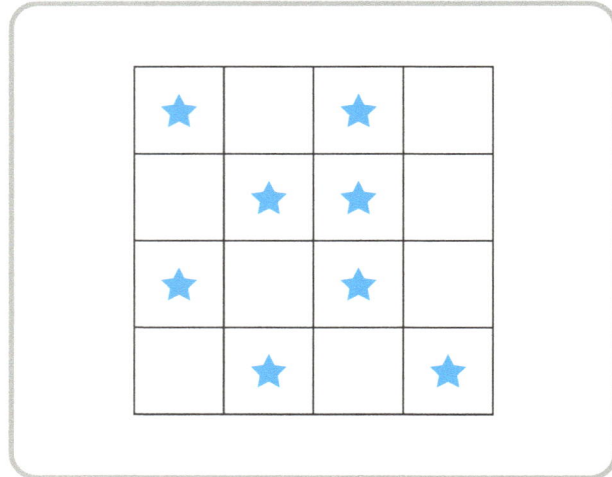

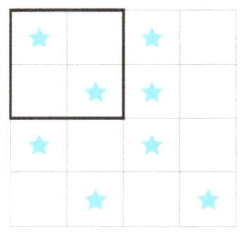 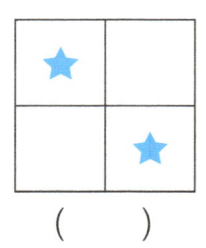 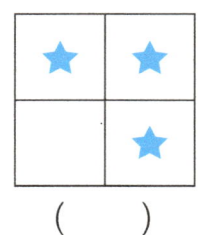 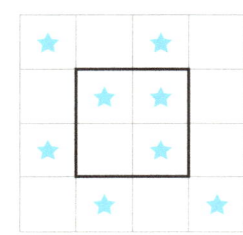
　　　　　　　　( )　　　　　　　　( )

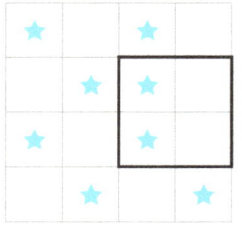 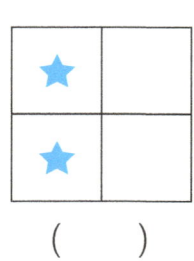 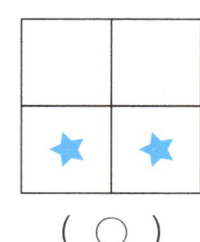
　　　　　　　　( )　　　　　　　　(○)

문제 7 · 별무늬 퍼즐 오리기

아래 도형을 오렸을 때 나올 수 없는 모양에 ○ 표 하시오.

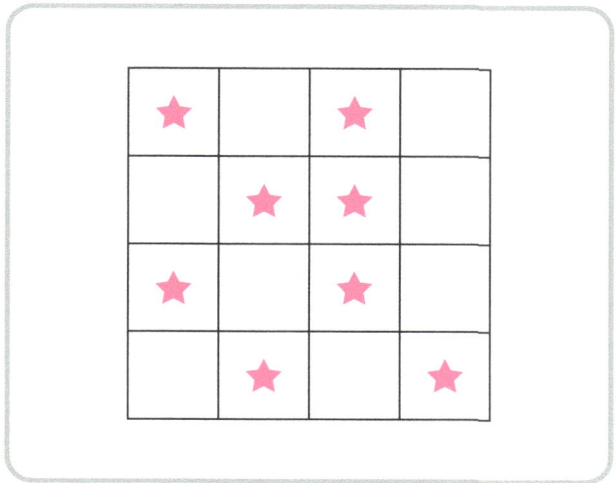

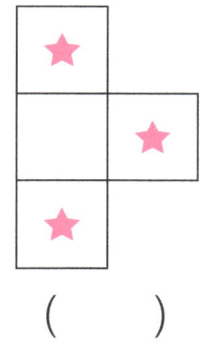

(   )

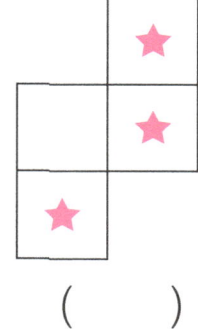

(   )

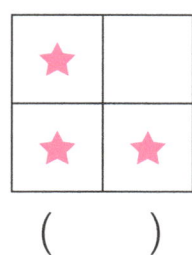

(   )

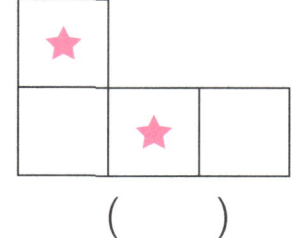

(   )

문제 7(풀이)

아래 도형을 오렸을 때 나올 수 없는 모양에 ○ 표 하시오.

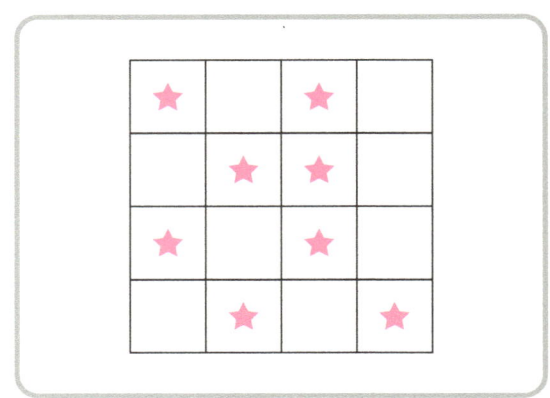

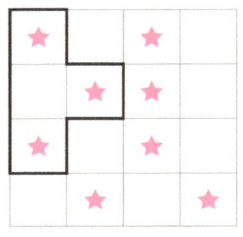   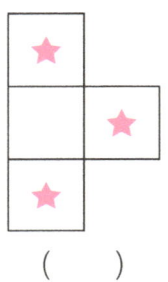   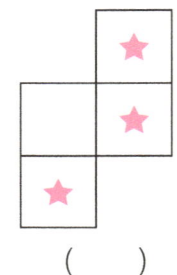   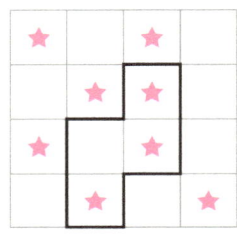

( )   ( )

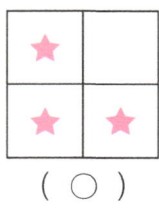   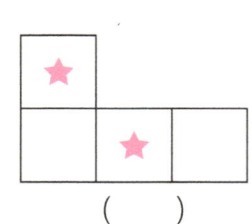   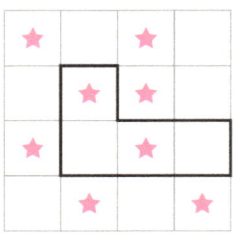

(○)   ( )

문제 8 · 퍼즐 조각 오리기

아래 도형을 오렸을 때 나올 수 없는 모양에 ◯ 표 하시오.

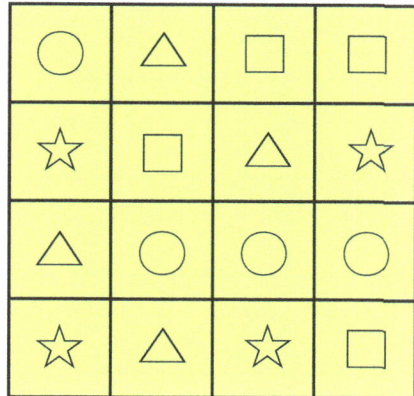

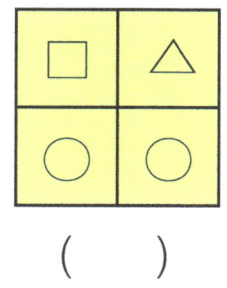
(   )

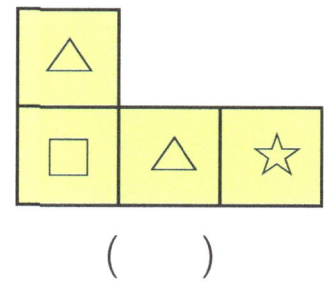
(   )

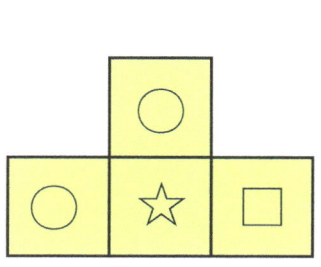
(   )

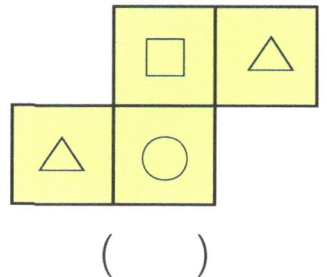
(   )

문제 8(풀이)

아래 도형을 오렸을 때 나올 수 없는 모양에 ○ 표 하시오.

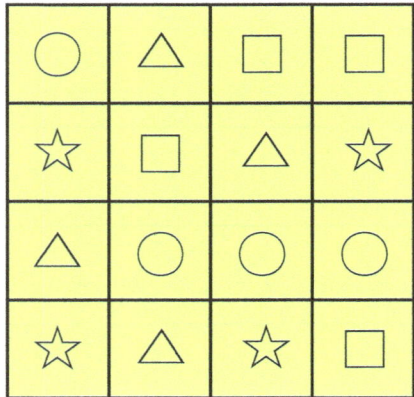

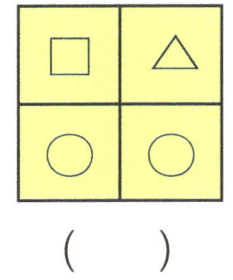
( )

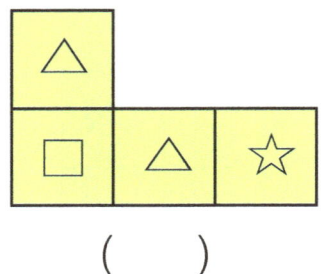
( )

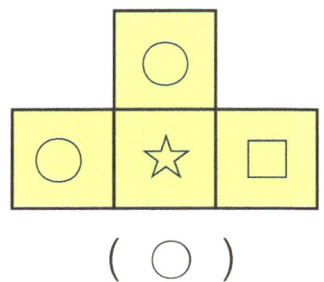
(○)

( )

문제 9 · 직사각형 만들기

1번 도형을 반으로 나눈 후 다시 붙이면 직사각형이 나옵니다.
1번 도형을 반으로 나눈 모양을 표시 하시오.
2번에 만들어진 직사각형과 나눈 모양을 표시 하시오.

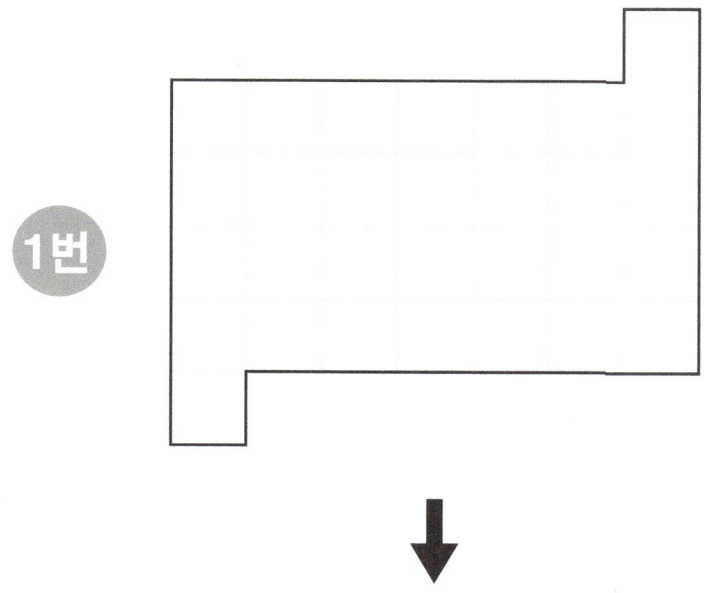

문제 9(풀이)

1번 도형을 반으로 나눈 후 다시 붙이면 직사각형이 나옵니다.
1번 도형을 반으로 나눈 모양을 표시 하시오.
2번에 만들어진 직사각형과 나눈 모양을 표시 하시오.

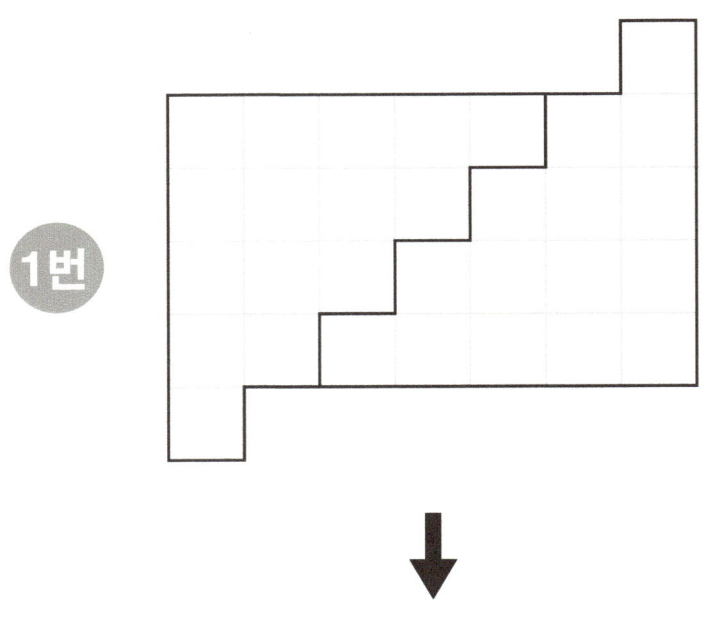

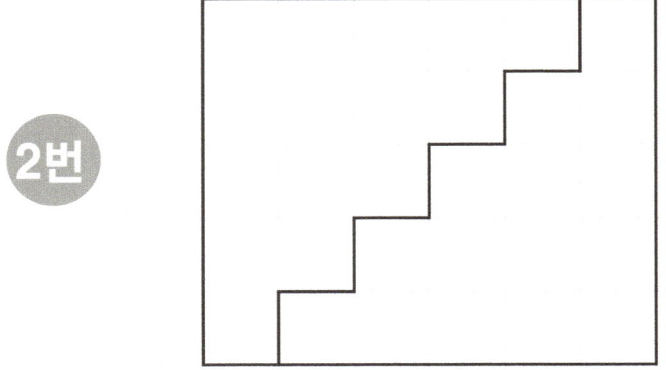

문제 10 · 아래 카드 찾기

가장 아래 있는 카드의 숫자에 ○표 하시오.

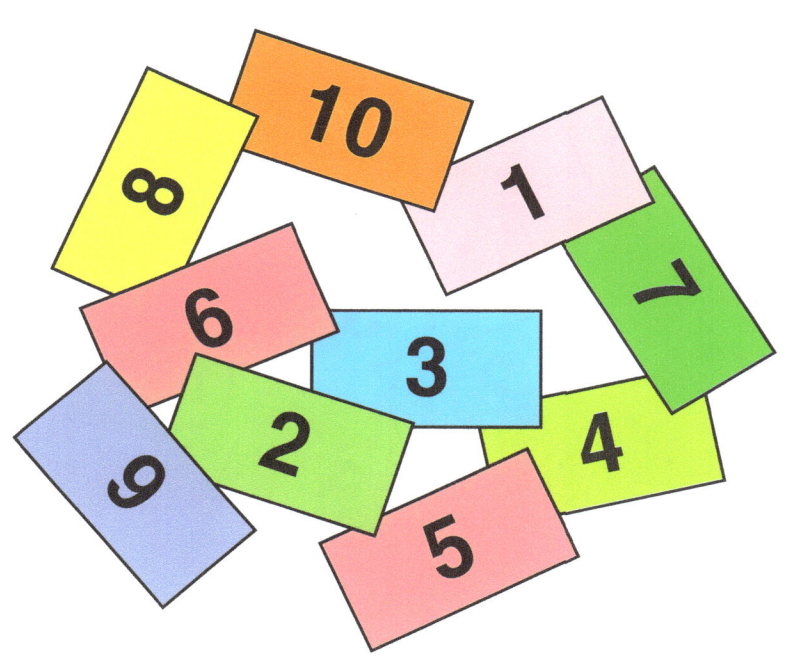

문제 10(풀이)

가장 아래 있는 카드의 숫자에 ○표 하시오.

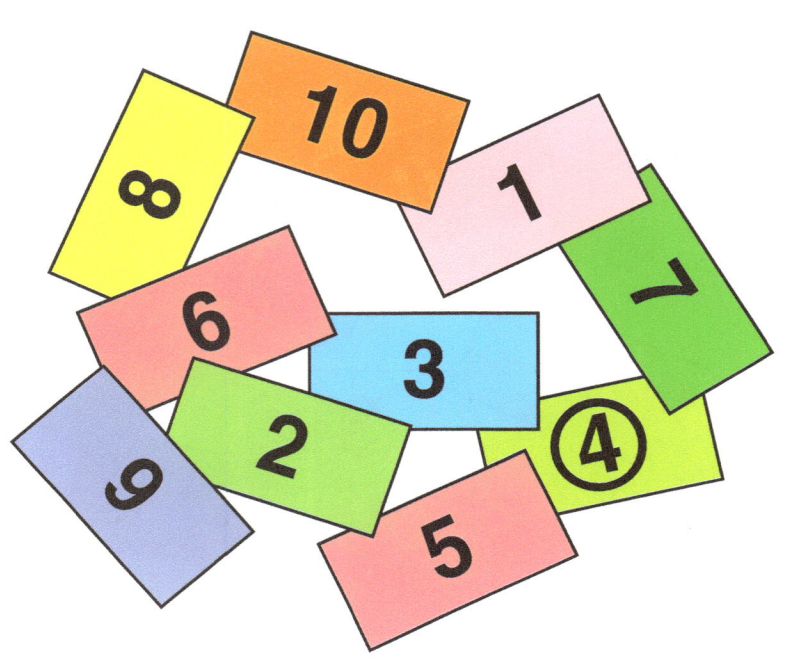

맨 위의 카드부터 차근차근 지워 나가면 됩니다.

문제 11 · 아래 막대 찾기

가장 아래 있는 막대에 ◯ 표 하시오.

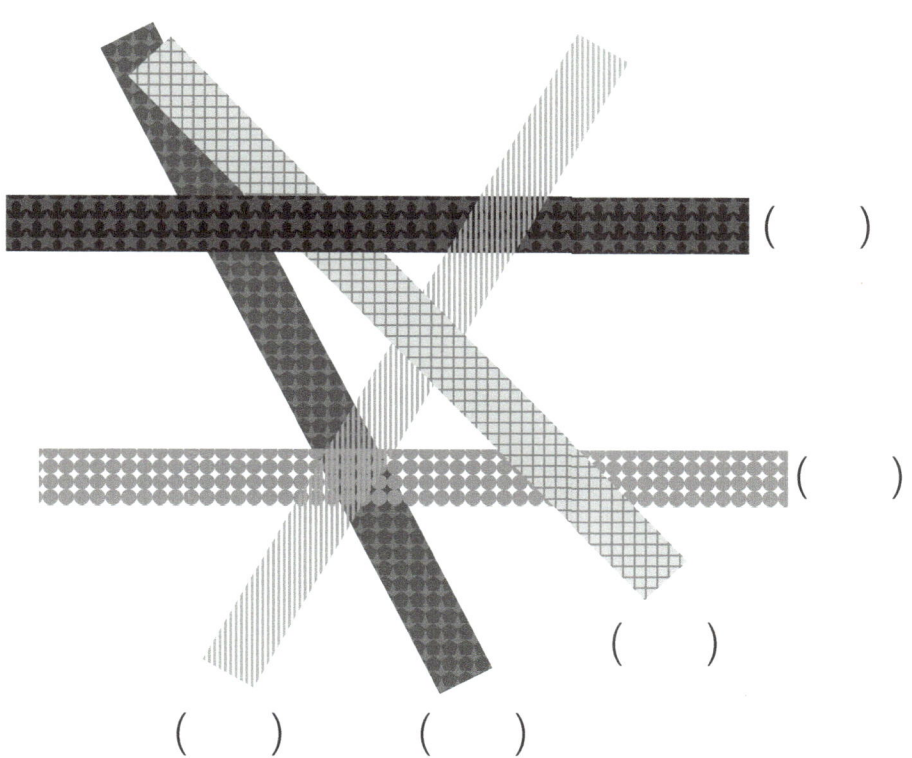

문제 11(풀이)

가장 아래 있는 막대에 ○ 표 하시오.

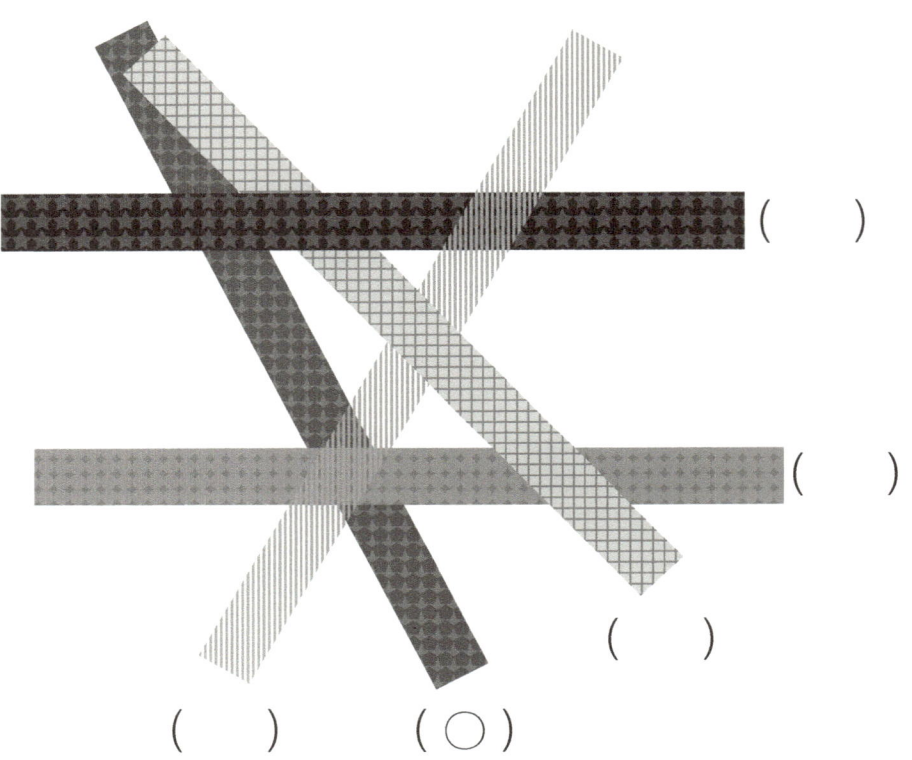

맨 위의 막대부터 차근차근 지워 나가면 됩니다.

문제 12 · 고리 연결하기

다음 그림 중 고리를 들어올렸을 때 모두 매달려 있는 모양에 ○ 표 하시오.

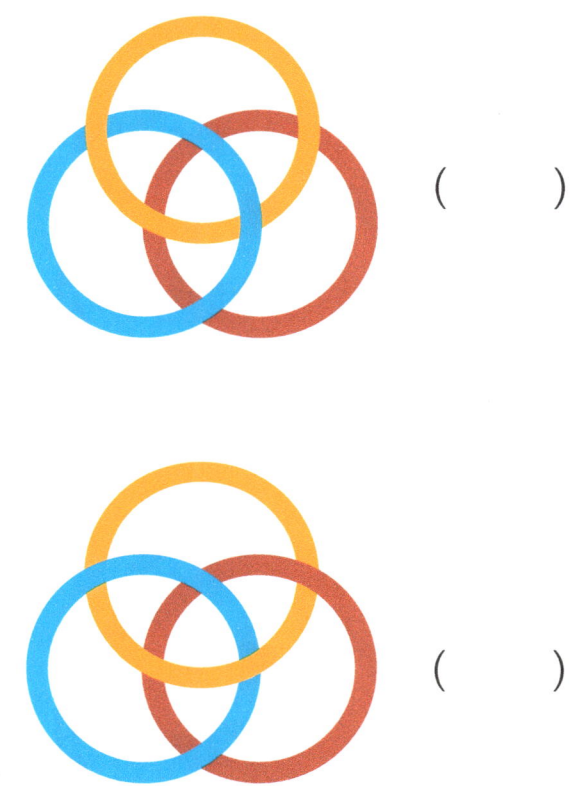

문제 12(풀이)

다음 그림 중 고리를 들어올렸을 때 모두 매달려 있는 모양에 ○ 표 하시오.

( )

빨간색 고리가 떨어져 있습니다.

(○)

문제 13 · 원판 쌓기

크기가 다른 3개의 원판을 파란색만 보이게 쌓는 방법은 모두 몇 가지인지 쓰시오.

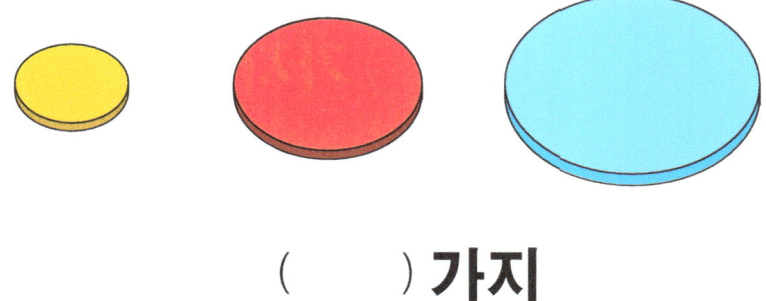

( ) 가지

크기가 다른 3개의 원판을 파란색만 보이게 쌓는 방법은 모두 몇 가지인지 쓰시오.

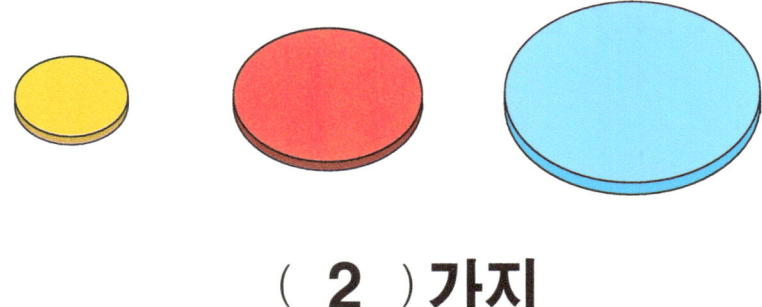

(**2**) **가지**

문제 14 · 점대칭 그리기

점 A를 두 번 대칭 이동하면 점 C의 위치로 이동합니다. 이러한 이동을 점대칭이라고 합니다. 다음 화살표를 점대칭한 것을 그리시오.

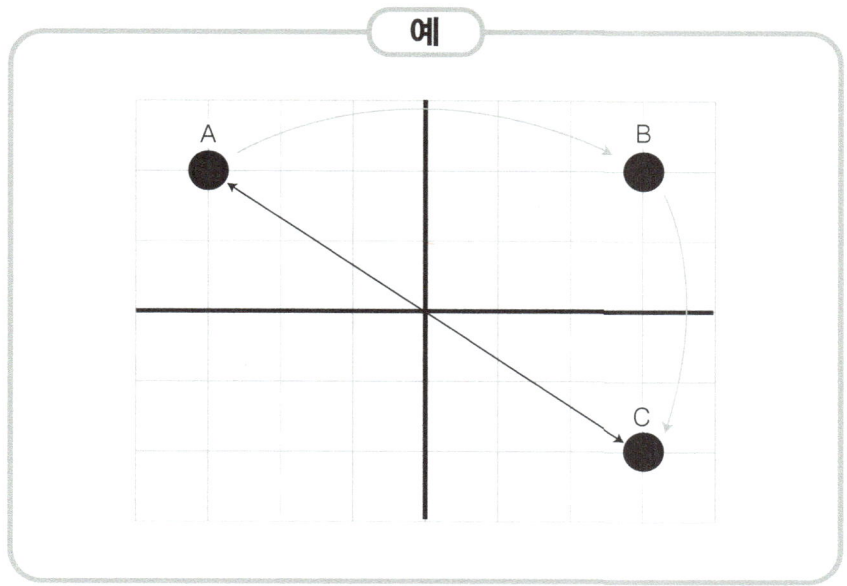

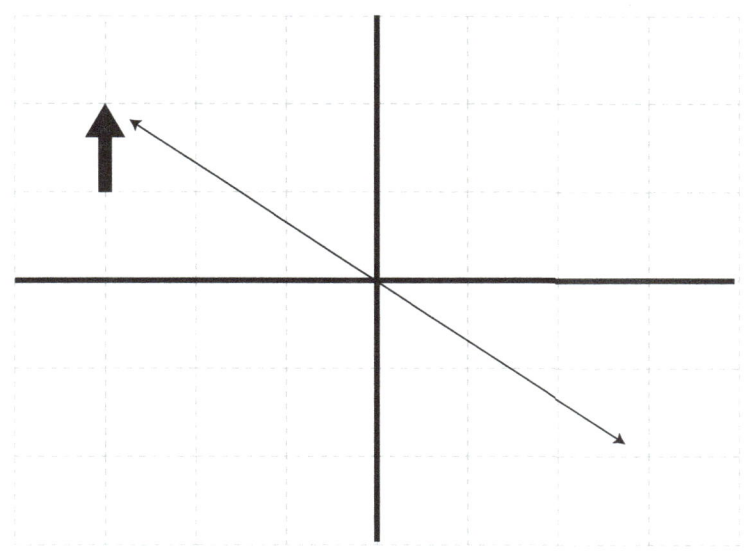

문제 14(풀이)

다음 화살표를 점대칭한 것을 그리시오.

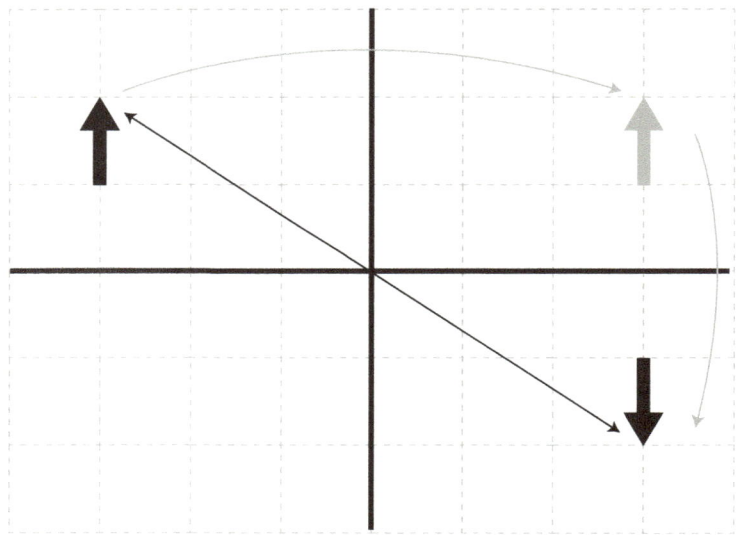

문제 15 · 점대칭 찾기

점대칭 한 모양이 맞는 것에 ○ 표 하시오.

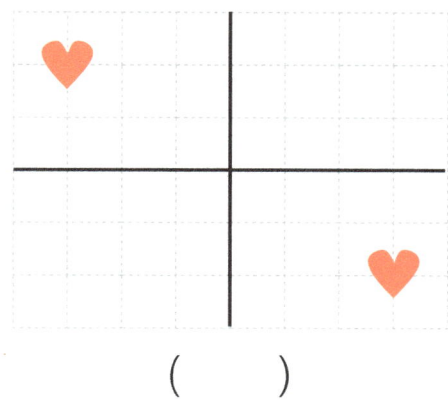
( )

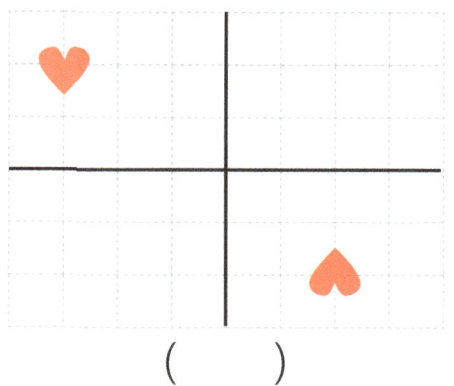
( )

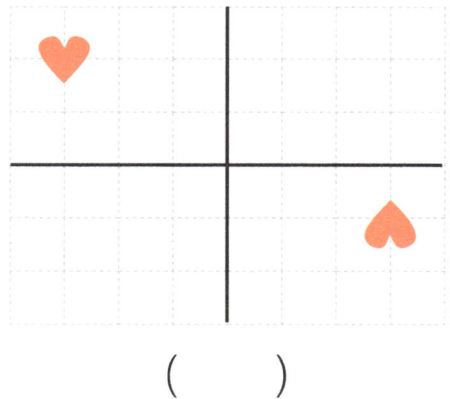
( )

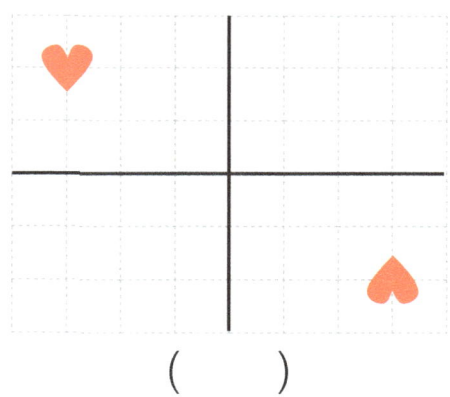
( )

문제 15(풀이)

점대칭 한 모양이 맞는 것에 ○ 표 하시오.

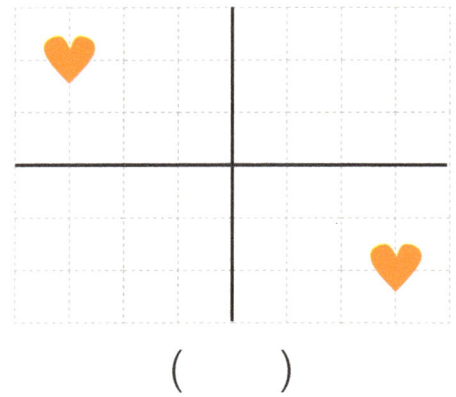
(   )

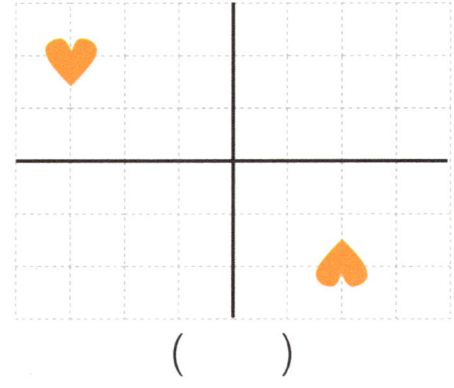
(   )

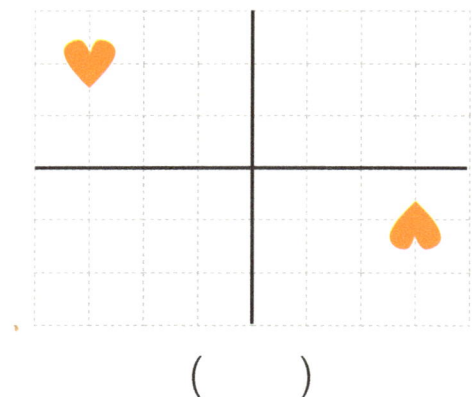
(   )

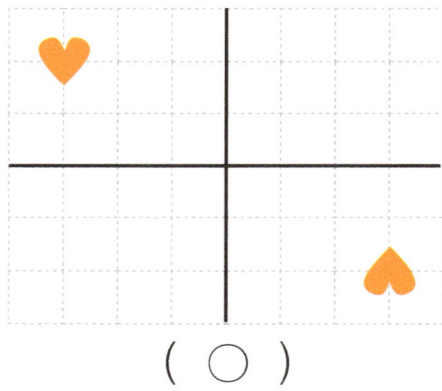
(○)

문제 16 · 직선 2개로 점 연결하기

아래 5개의 점을 직선 두 개로 연결하시오.
직선 두 개는 서로 연결되야 합니다.

문제 16(풀이)

아래 5개의 점을 직선 두 개로 연결하시오.
직선 두 개는 서로 연결되야 합니다.

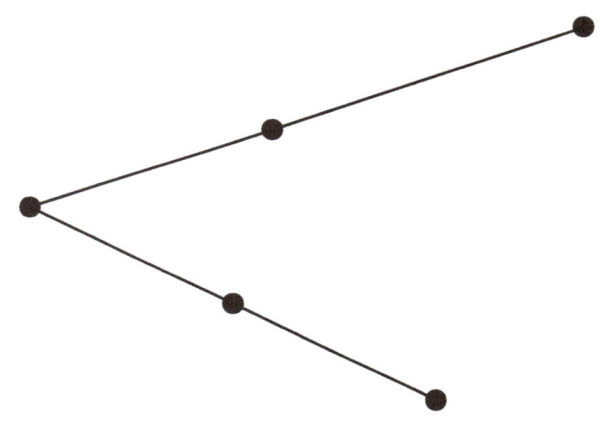

문제 17 · 직선 3개로 점 연결하기

직선 3개로 점 4개를 연결하는 방법은 4가지입니다.
모두 그려 보시오.

> **예**
>
> 직선 2개로 점 3개를 연결하는 방법은 2 가지 입니다.
>
> 돌리거나 뒤집은 모양은 한 가지로 봅니다.

문제 17(풀이)

직선 3개로 점 4개를 연결하는 방법은 4가지입니다.
모두 그려 보시오.

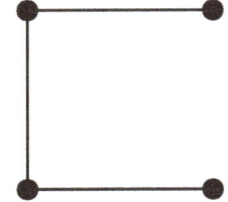 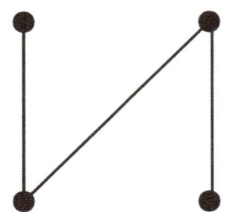

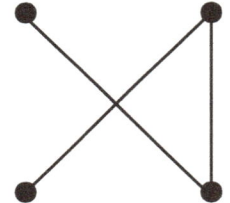 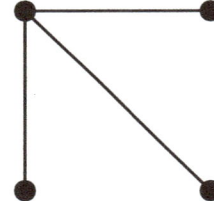

문제 18 · 동그라미 3조각 나누기

동그라미에 직선 세 개를 그어 세 조각으로 나누시오.
단, 모든 직선은 동그라미를 지나가야 합니다.

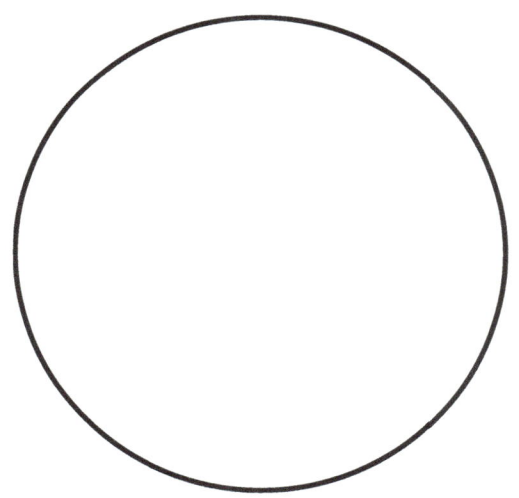

문제 18(풀이)

동그라미에 직선 세 개를 그어 세 조각으로 나누시오.
단, 모든 직선은 동그라미를 지나가야 합니다.

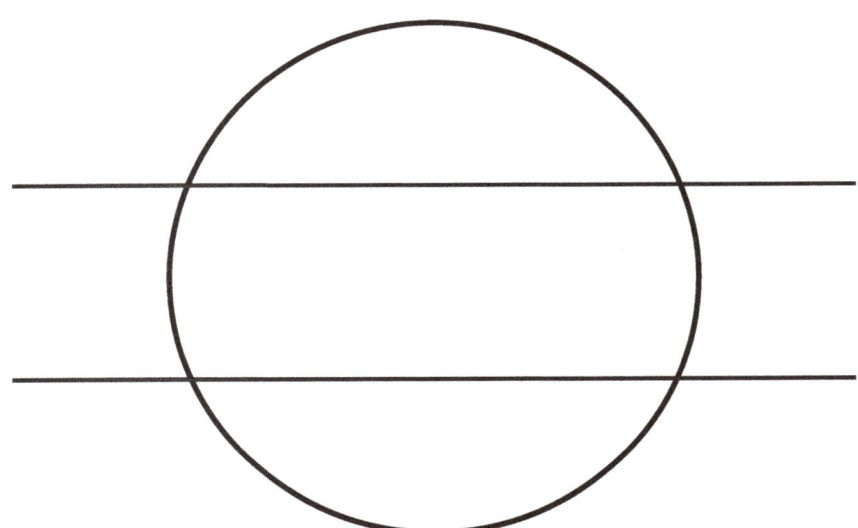

문제 19 · 동그라미 11조각 나누기

동그라미에 직선 네 개를 그어 11 조각으로 나누시오.
단, 모든 직선은 동그라미를 지나가야 합니다.

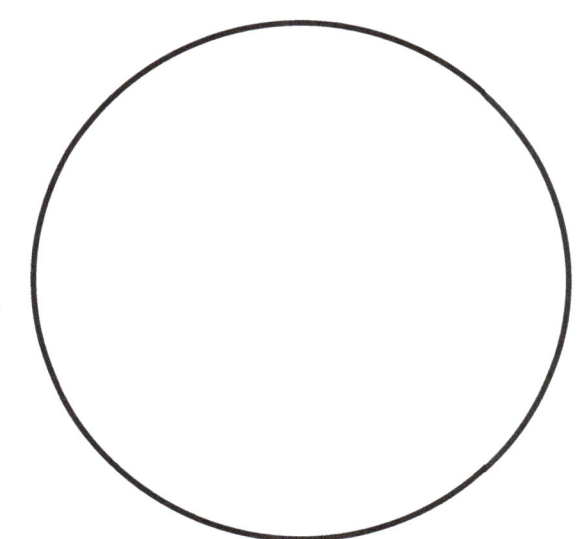

문제 19(풀이)

동그라미에 직선 네 개를 그어 11 조각으로 나누시오.
단, 모든 직선은 동그라미를 지나가야 합니다.

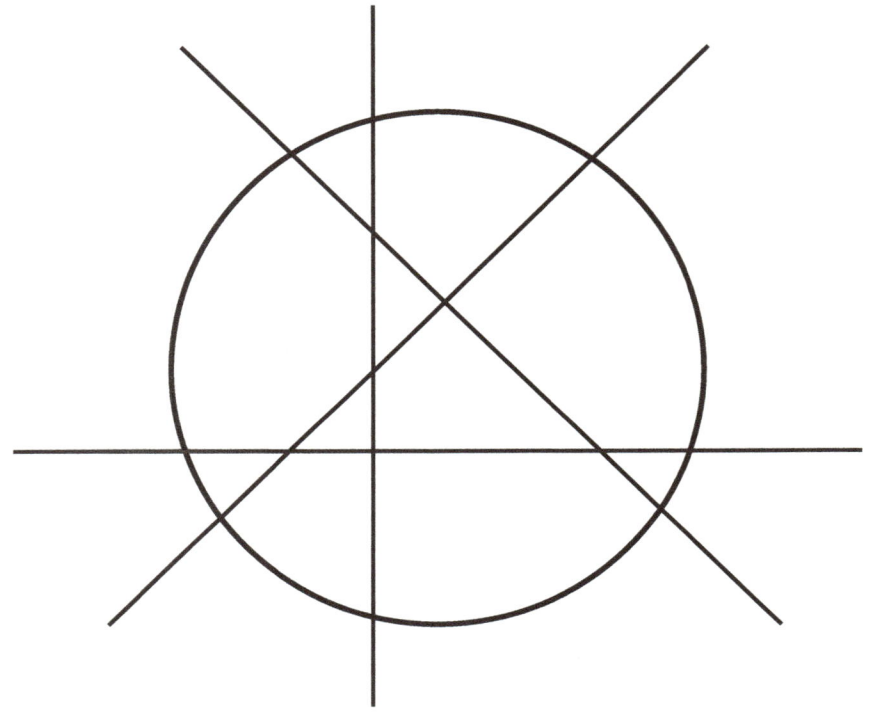

그려진 선의 방향 모양은 위와 다를 수 있습니다.

문제 20 · 동그라미 나누기

동그라미에 직선 3 개를 그어 동그라미를 가장 많은 조각으로 나누시오.

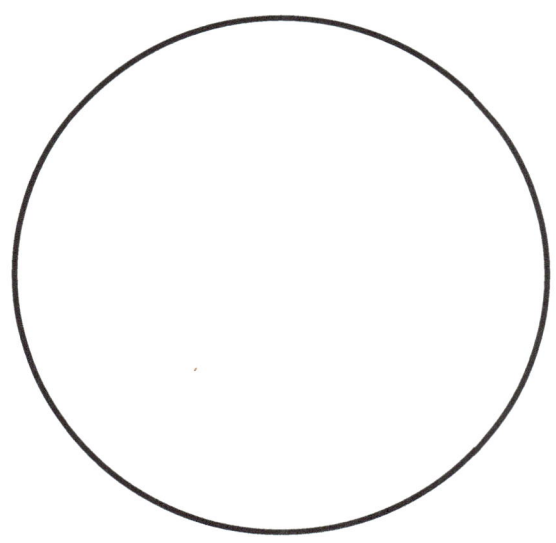

문제 20(풀이)

동그라미에 직선 3 개를 그어 동그라미를 가장 많은 조각으로 나누시오.

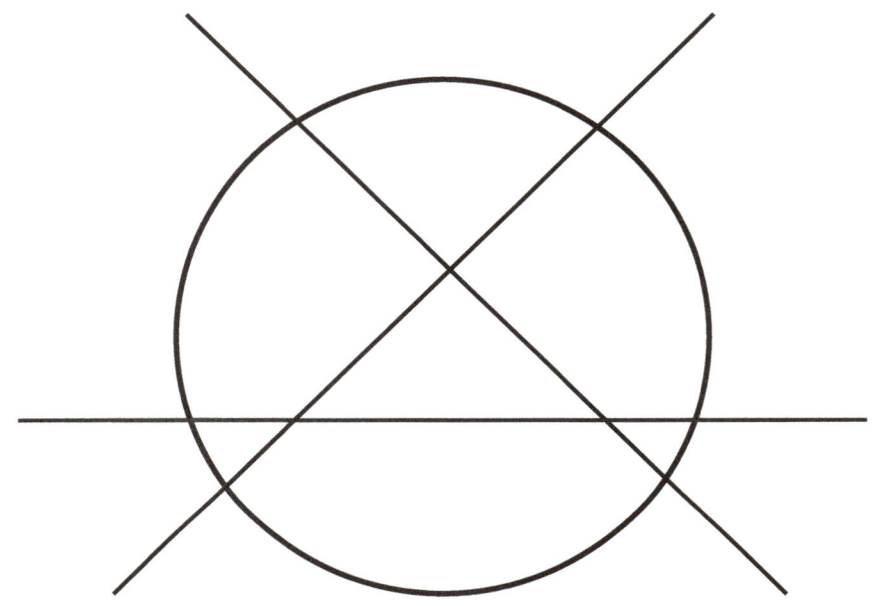

7개의 조각으로 나누는 것이 가장 많습니다.

문제 21 · 정사각형 분할하기

정사각형 속의 점 9개를 정사각형 두 개를 그려 9개로 분할하시오.

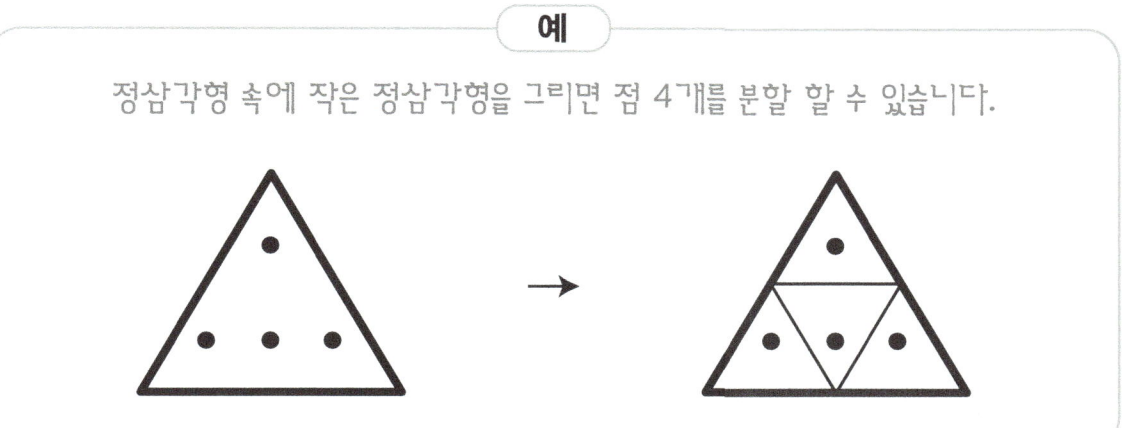

예

정삼각형 속에 작은 정삼각형을 그리면 점 4개를 분할 할 수 있습니다.

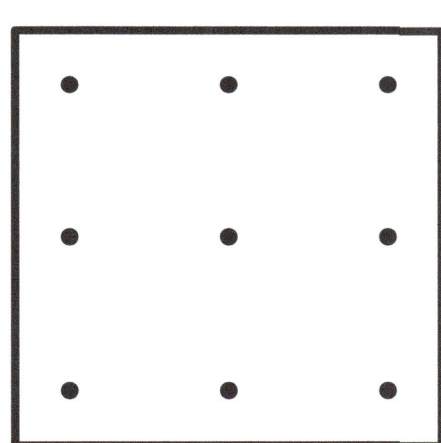

문제 21(풀이)

정사각형 속의 점 9개를 정사각형 두 개를 그려 분할하시오.

문제 22 · 정육면체 자르기

정육면체를 세 번 자르면 같은 모양 8조각을 만들 수 있습니다.
자른 면을 선으로 표시 하시오.

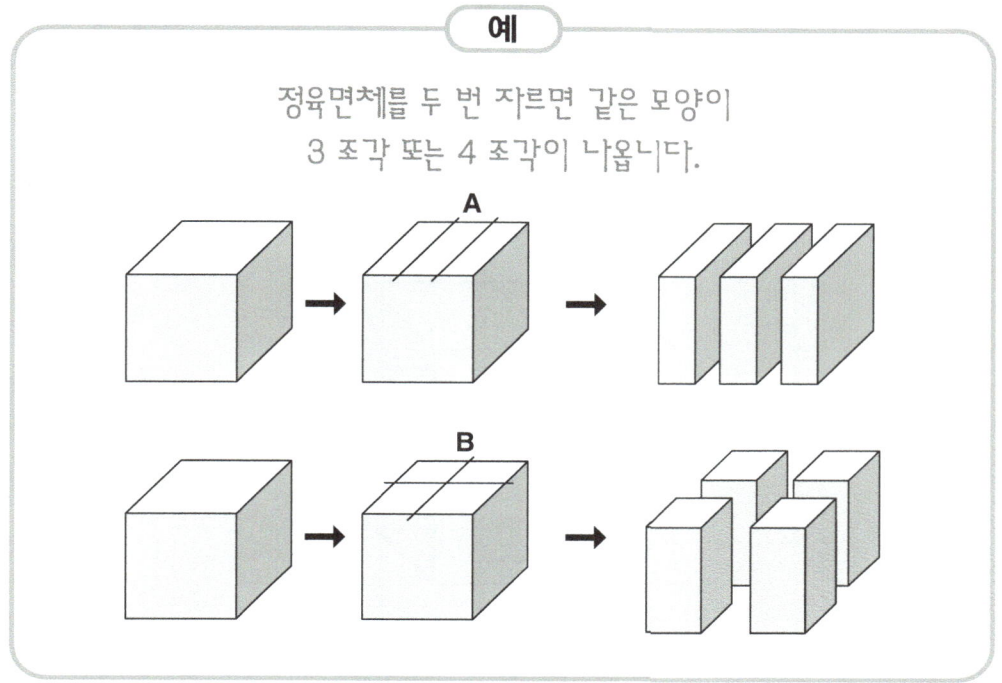

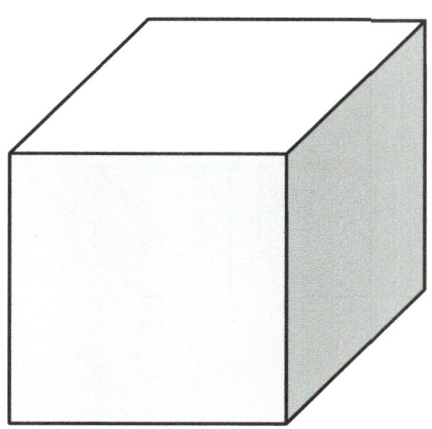

문제 22(풀이)

정육면체를 세 번 자르면 같은 모양 8조각을 만들 수 있습니다.
자른 면을 선으로 표시 하시오.

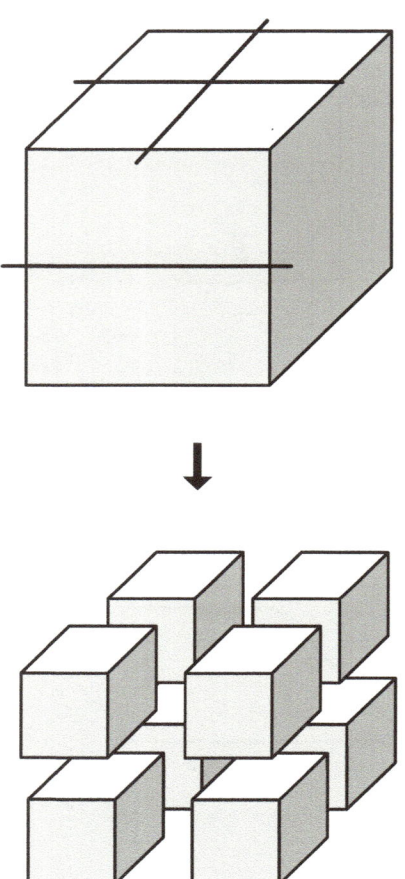

문제 23 · 점 연결하여 삼각형 만들기

그림과 같이 일직선 위에 점이 3개, 직선 밖에 점이 1개 있습니다. 점을 3개 연결하면 삼각형을 몇 개 만들 수 있을까요? 개수를 쓰시오.

( )개

문제 23(풀이)

그림과 같이 일직선 위에 점이 3개, 직선 밖에 점이 1개 있습니다.
점을 3개 연결하면 삼각형을 몇 개 만들 수 있을까요? 개수를 쓰시오.

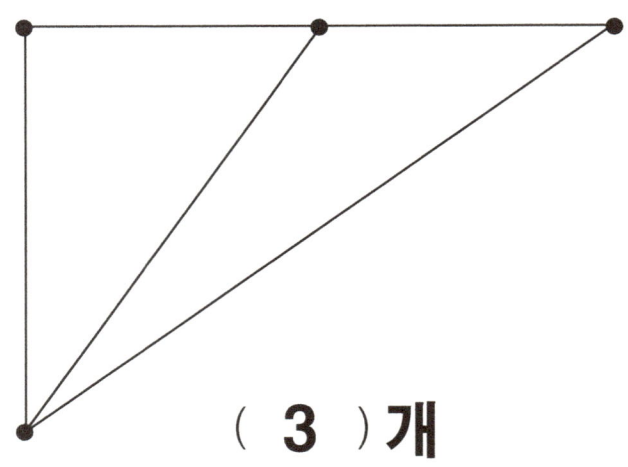

(**3**)개

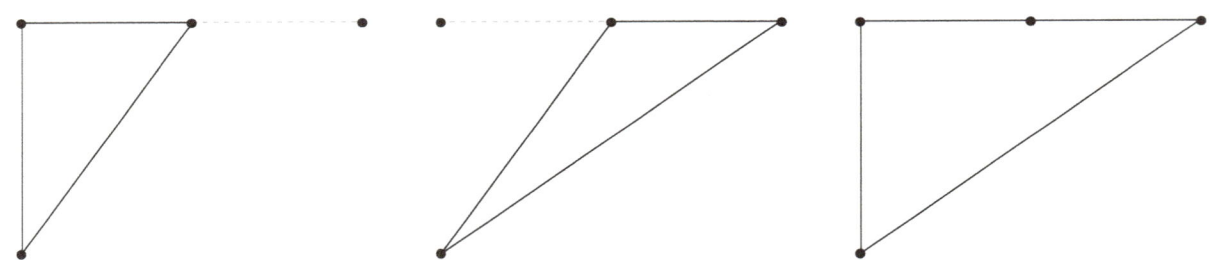

점 4개로는 삼각형 4개를 만들 수 있지만
일직선 위의 점 3개가 포함된 점 4개로는 삼각형을 3개 만들 수 있습니다.

문제 24 · 원 위에 삼각형 만들기

그림과 같이 원 위에 점이 4개 있습니다.
3개의 점을 연결하면 삼각형을 몇 개 만들 수 있을까요? 개수를 쓰시오.

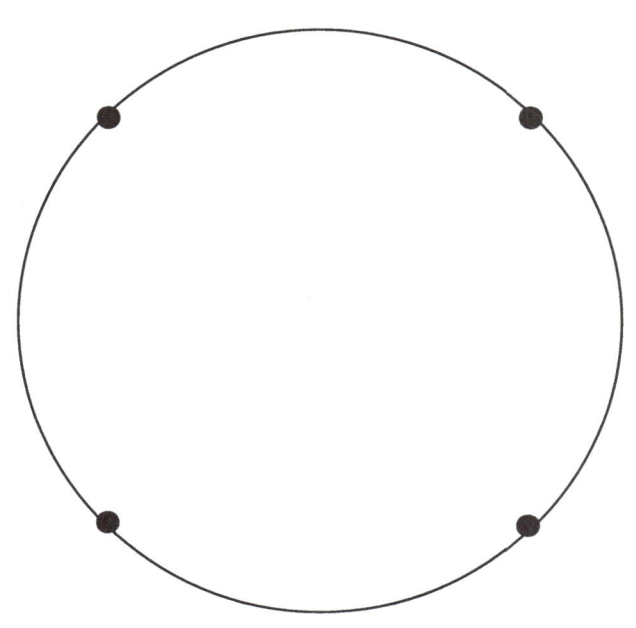

(   )개

문제 24(풀이)

그림과 같이 원 위에 점이 4개 있습니다.
3개의 점을 연결하면 삼각형을 몇 개 만들 수 있을까요? 개수를 쓰시오.

(4)개

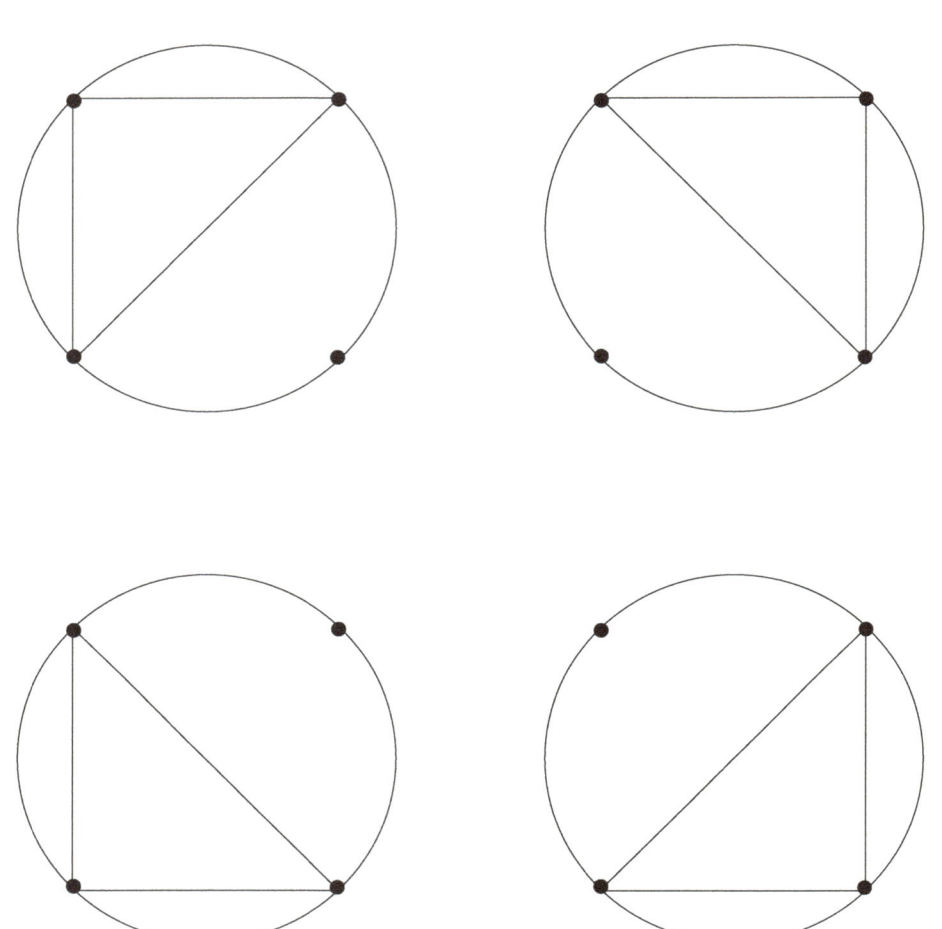

문제 25 · 사각형 위에 도형 만들기

주어진 점을 지나가도록 선을 한 개 그어 삼각형 1개 사각형 2개를 만드시오.

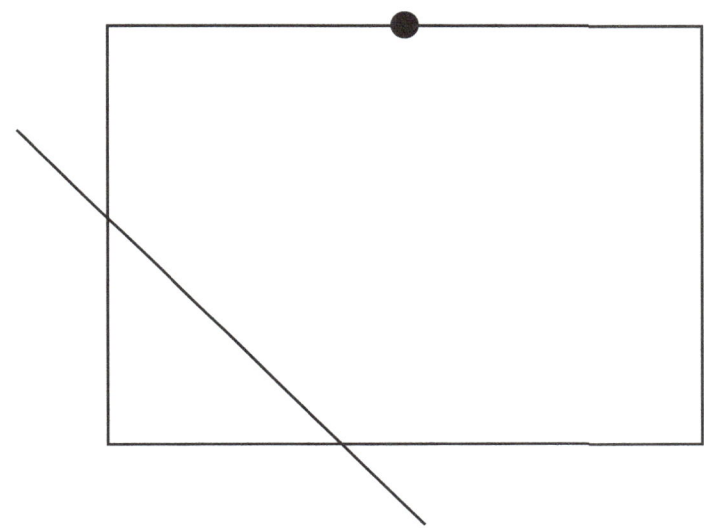

문제 25(풀이)

주어진 점을 지나가도록 선을 한 개 그어 삼각형 1개 사각형 2개를 만드시오.

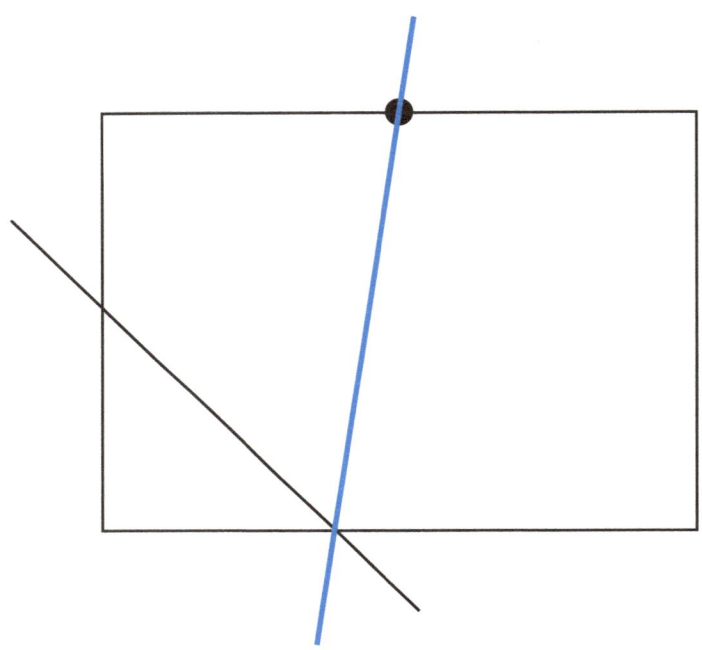

문제 26 · 삼각형 위에 도형 만들기

주어진 점을 지나가도록 선을 한 개 그어 삼각형 2개 사각형 2개를 만드시오.

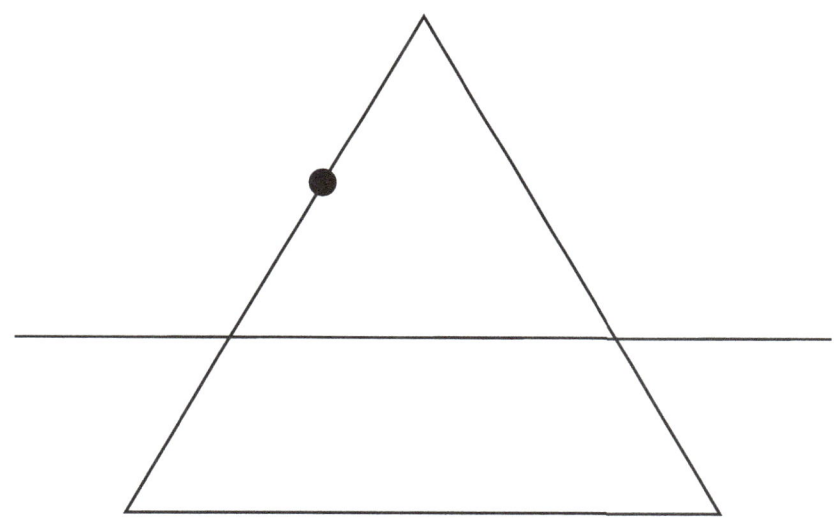

문제 26(풀이)

주어진 점을 지나가도록 선을 한 개 그어 삼각형 2개 사각형 2개를 만드시오.

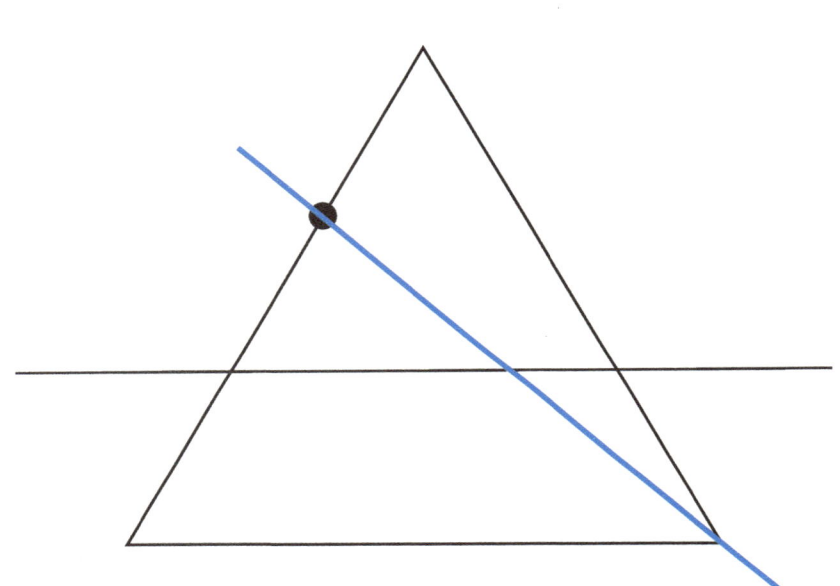

문제 27 · 반 크기 정사각형 만들기

점을 이용하여 아래 정사각형의 반의 크기를 그리시오.

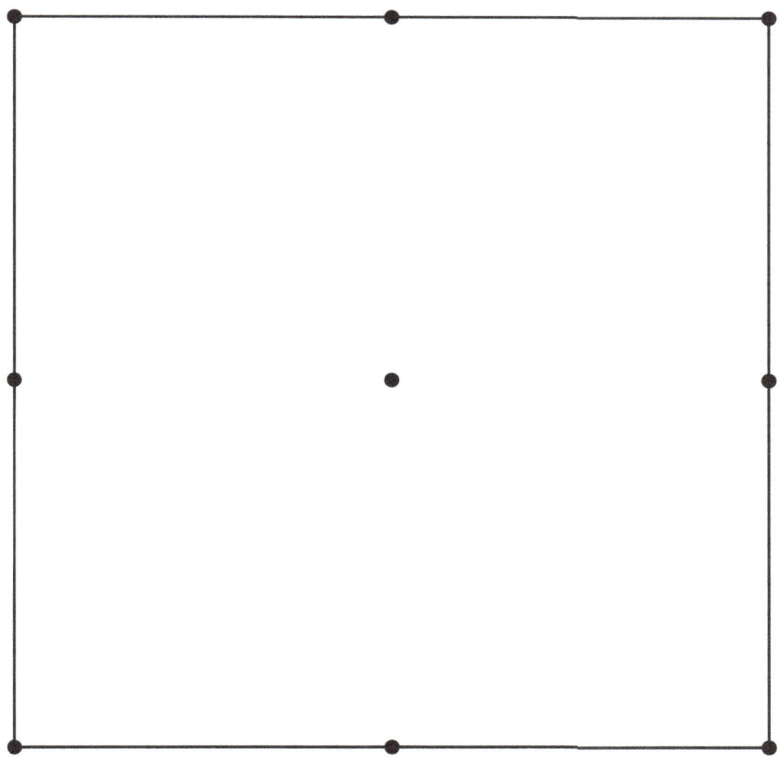

문제 27(풀이)

점을 이용하여 아래 정사각형의 반의 크기를 그리시오.

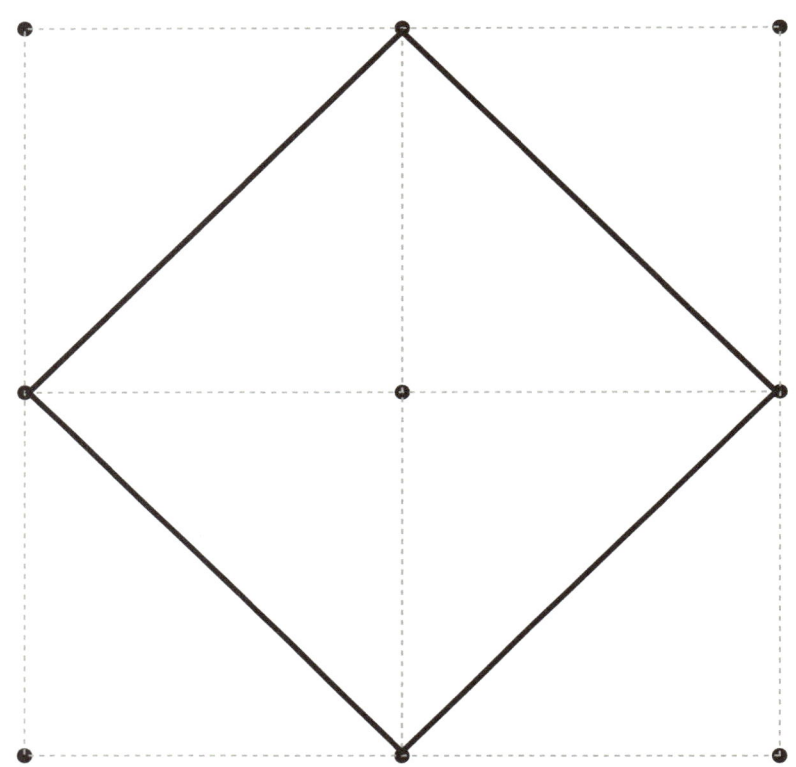

큰 정사각형은 직각삼각형 8개로 이루어져 있습니다.
결국 큰 정사각형의 반의 크기가 되려면 직각삼각형 4개의 크기가 필요합니다.

문제 28 · 사각형 찾기

아래 도형에서 찾을 수 있는 사각형은 몇 개인지 쓰시오.

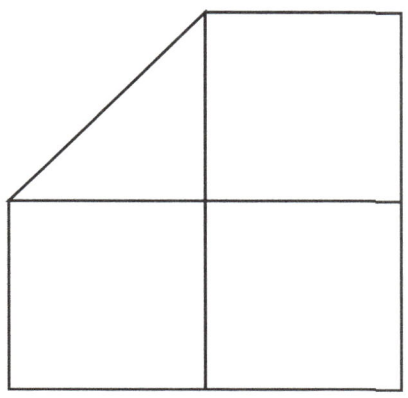

( )개

문제 28(풀이)

아래 도형에서 찾을 수 있는 사각형은 몇 개인지 쓰시오.

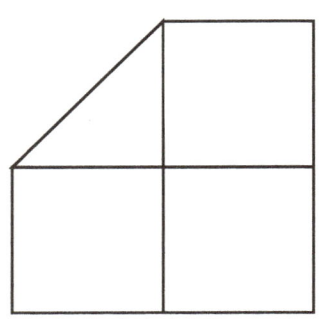

(**7**)개

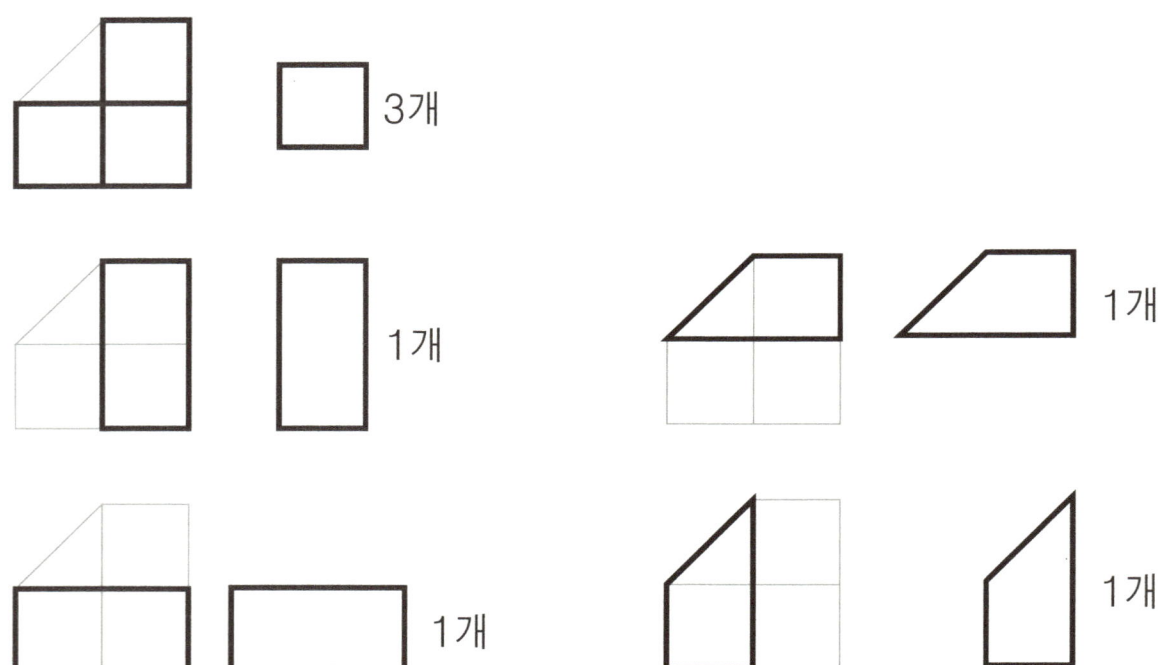

문제 29 · 합이 같도록 시계 삼등분 하기

시계판의 숫자를 삼등분 하여 삼등분 한 숫자의 합이 모두 같도록 나누시오.

문제 29(풀이)

시계판의 숫자를 삼등분 하여 삼등분 한 숫자의 합이 모두 같도록 나누시오.

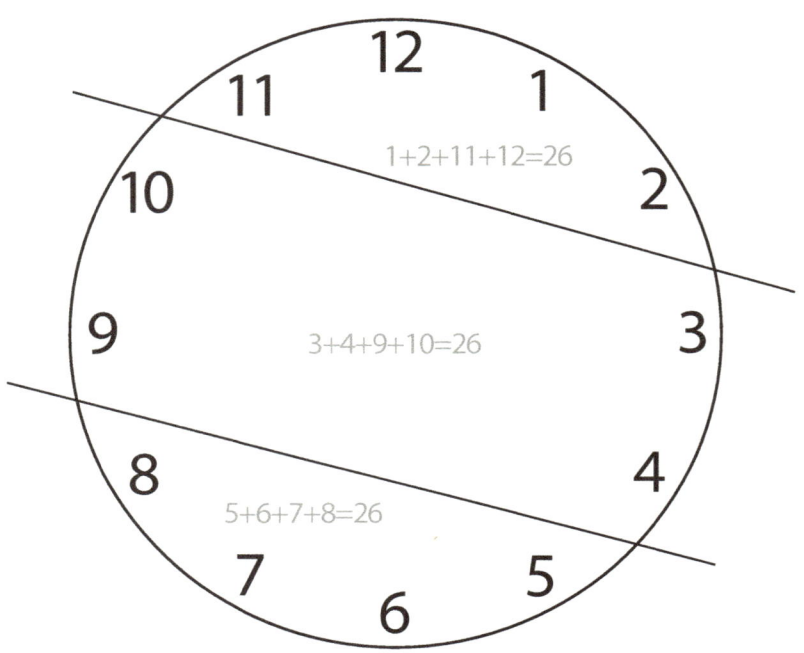

시계의 모든 숫자를 더하면 78이 됩니다. 이것을 삼등분 하면 각각 26이 됩니다. 삼등분으로 자른 숫자들의 합이 26이 되도록 자르면 됩니다.

문제 30 · 위치 이동 비교 패턴

비교 패턴에 대한 문제입니다.
아래 그림 관계를 비교해 보고 맞는 것을 찾아 ○표 하시오.

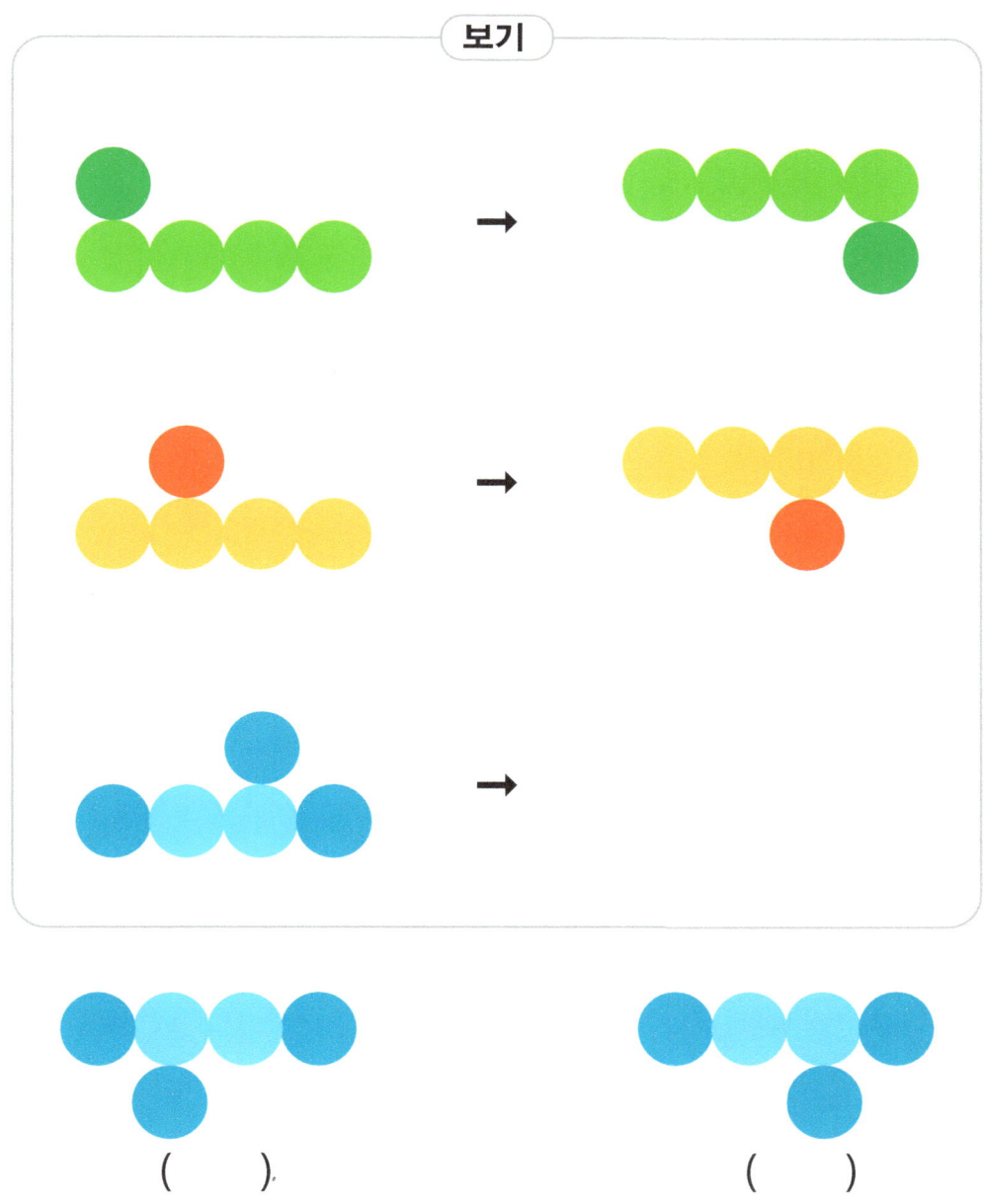

(   )   (   )

문제 30(풀이)

비교 패턴에 대한 문제입니다.
아래 그림 관계를 비교해 보고 맞는 것을 찾아 ○ 표 하시오.

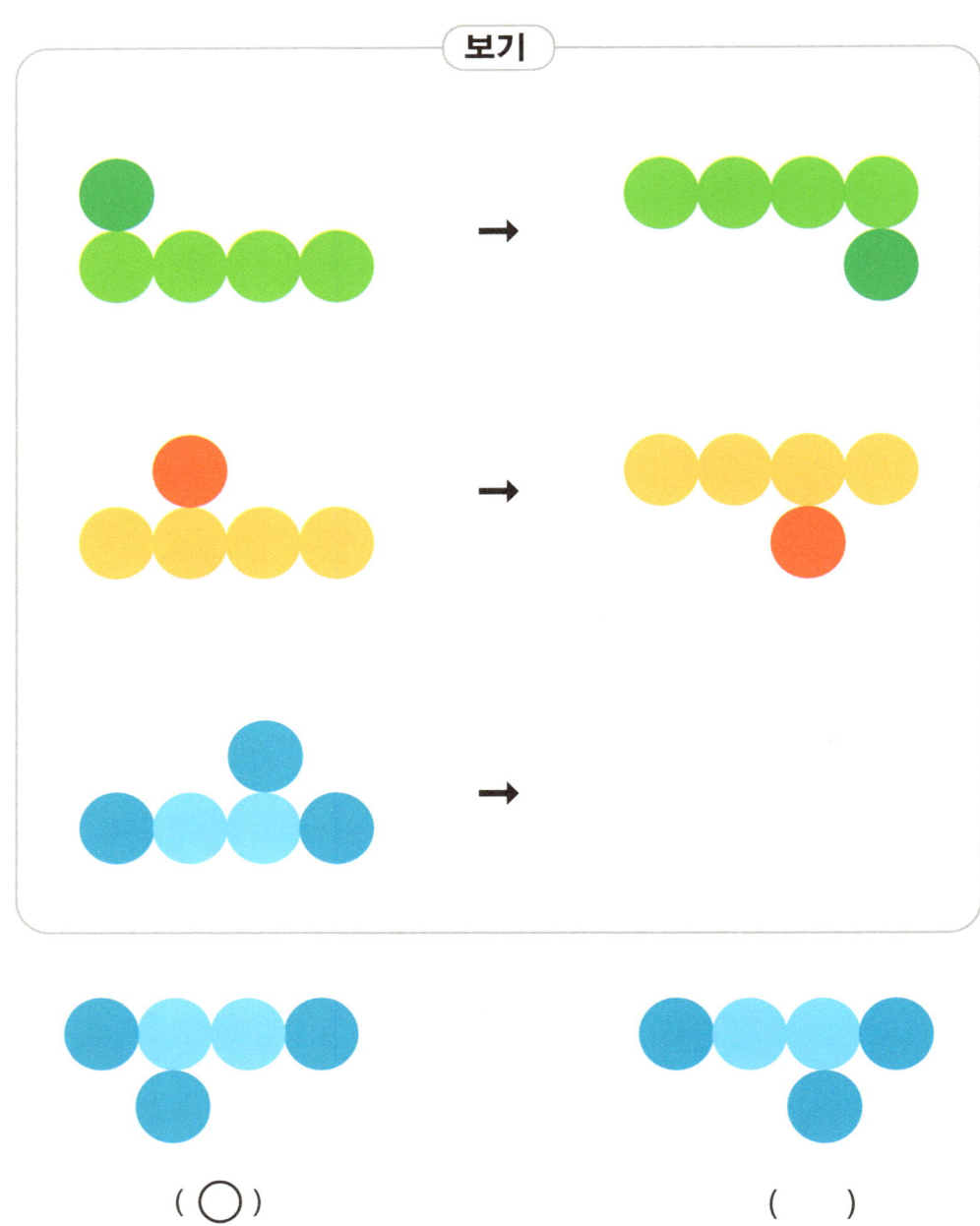

(○)　　　　　　　　(　)

가로로 대칭을 한 후 다시 위아래로 대칭한 모양입니다.

문제 31 · 모양 변화 비교 패턴

패턴에 대한 문제입니다. 다음에 올 표정에 ○ 표 하시오.

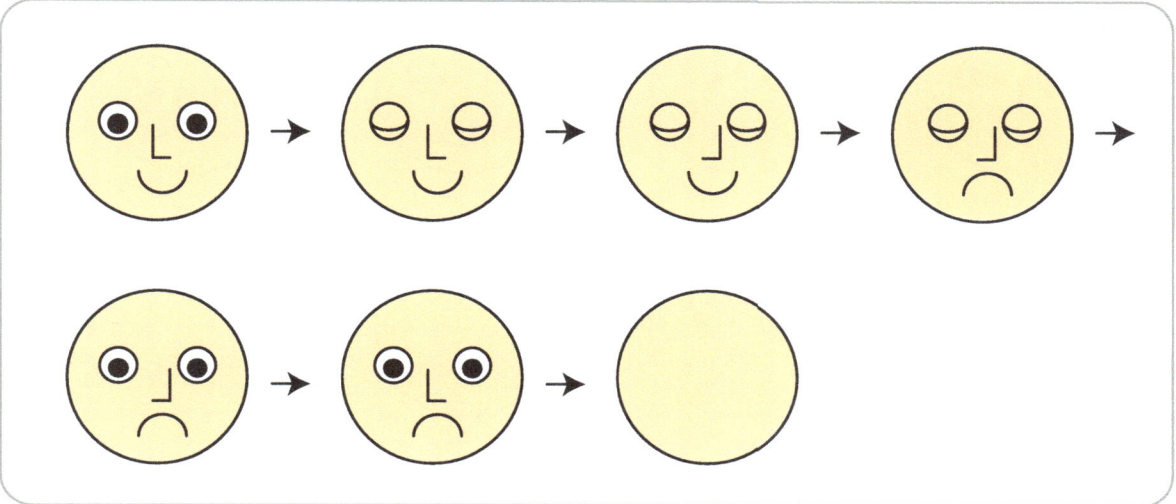

( )   ( )   ( )

문제 31(풀이)

패턴에 대한 문제입니다. 다음에 올 표정에 ◯ 표 하시오.

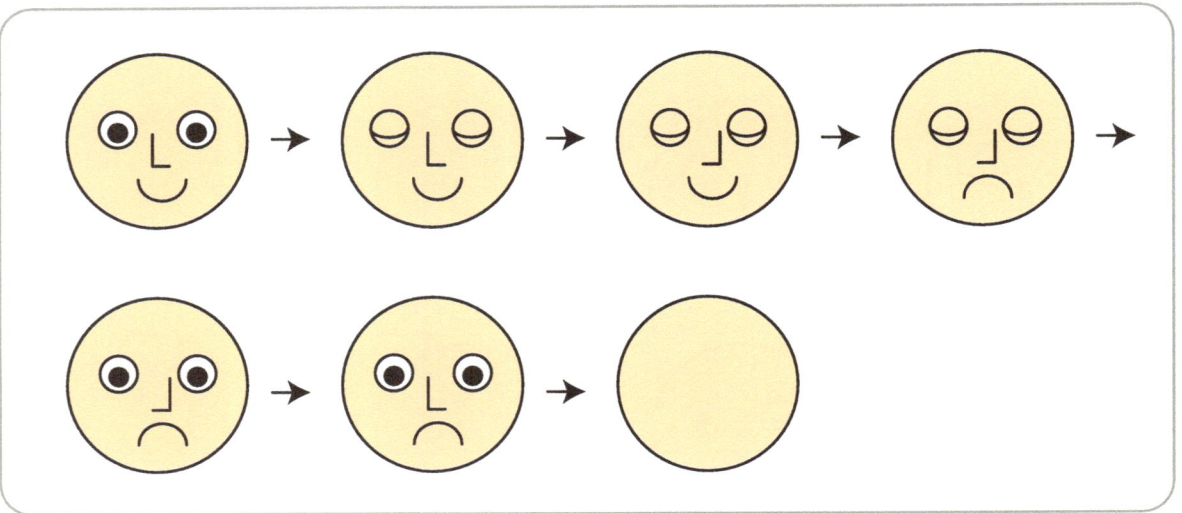

차례대로 눈을 감고, 코방향이 반대며, 입 방향이 바뀌는 패턴입니다.

문제 32 · 숫자 3개 고르기

1부터 9까지의 숫자판이 있습니다.
임의로 3개의 숫자를 고를 때 그 합이 얼마인지 쓰시오.
단, 3개의 숫자는 가로, 세로의 위치가 서로 겹치지 않아야 합니다.

1	2	3
4	5	6
7	8	9

합 (   )

문제 32(풀이)

1부터 9까지의 숫자판이 있습니다.
임의로 3개의 숫자를 고를 때 그 합이 얼마인지 쓰시오.
단, 3개의 숫자는 가로, 세로의 위치가 서로 겹치지 않아야 합니다.

예

1+5+9=15   1+8+6=15

합 (15)

항상 15입니다.

문제 33 · 숫자 4개 고르기

1부터 16까지의 숫자판이 있습니다.
임의로 4개의 숫자를 고를 때 그 합이 얼마인지 쓰시오.
단, 4개의 숫자는 가로, 세로의 위치가 서로 겹치지 않아야 합니다.

1	2	3	4
5	6	7	8
9	10	11	12
13	14	15	16

합 (   )

문제 33(풀이)

1부터 16까지의 숫자판이 있습니다.
임의로 4개의 숫자를 고를 때 그 합이 얼마인지 쓰시오.
단, 4개의 숫자는 가로, 세로의 위치가 서로 겹치지 않아야 합니다.

예

①	2	3	4
5	⑥	7	8
9	10	⑪	12
13	14	15	⑯

1+6+11+16=34

①	2	3	4
5	6	7	⑧
9	⑩	11	12
13	14	⑮	16

1+10+8+15=34

합 (34)

항상 34입니다.

문제 34 · 두 점의 만남 비교

길을 따라간다면 두 점이 만날 수 있을까요?
맞는 것에 ◯ 표 하시오.(제한 시간 10초)

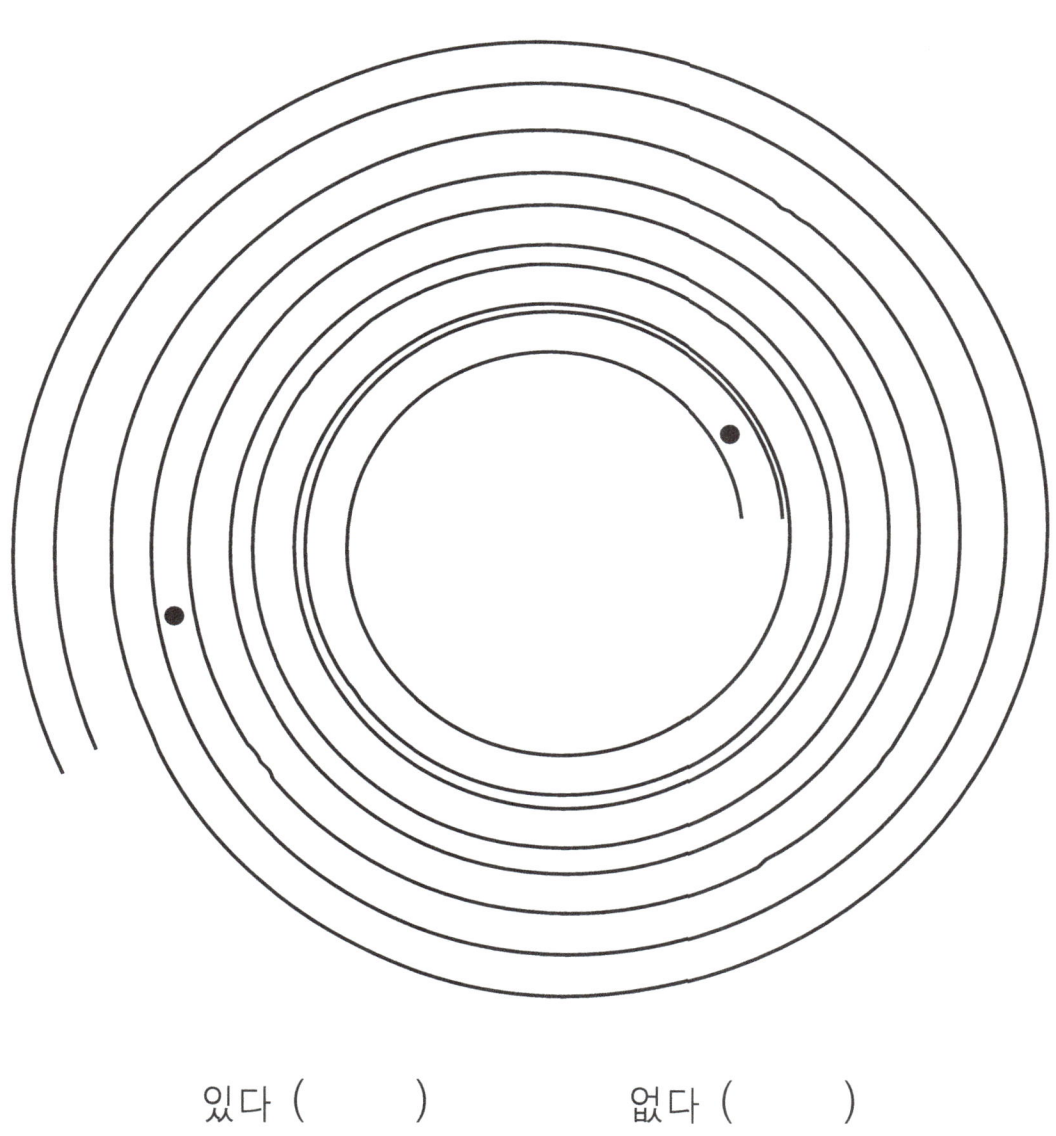

있다 (　　)　　　　없다 (　　)

문제 34(풀이)

길을 따라간다면 두 점이 만날 수 있을까요?
맞는 것에 ◯ 표 하시오. (제한 시간 10초)

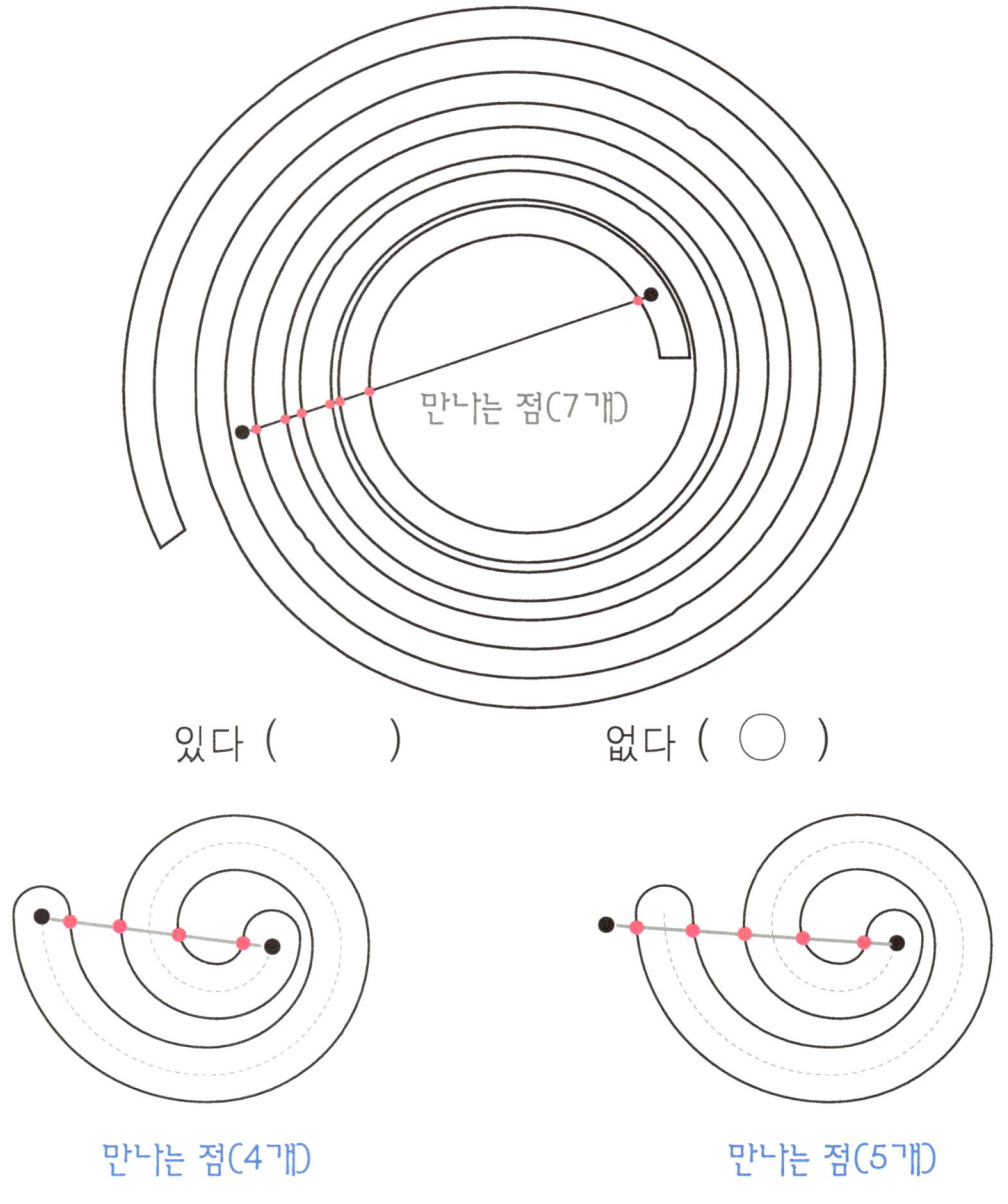

만나는 점(7개)

있다 (   )   없다 (◯)

만나는 점(4개)   만나는 점(5개)

직선을 그어 점을 연결하였을 때 만나는 점이 짝수이면 두 점이 만나고 홀수이면 못만난다.

문제 35 · 두 점의 만남 비교

길을 따라간다면 두 점이 만날 수 있을까요?
맞는 것에 ○ 표 하시오. (제한 시간 10초)

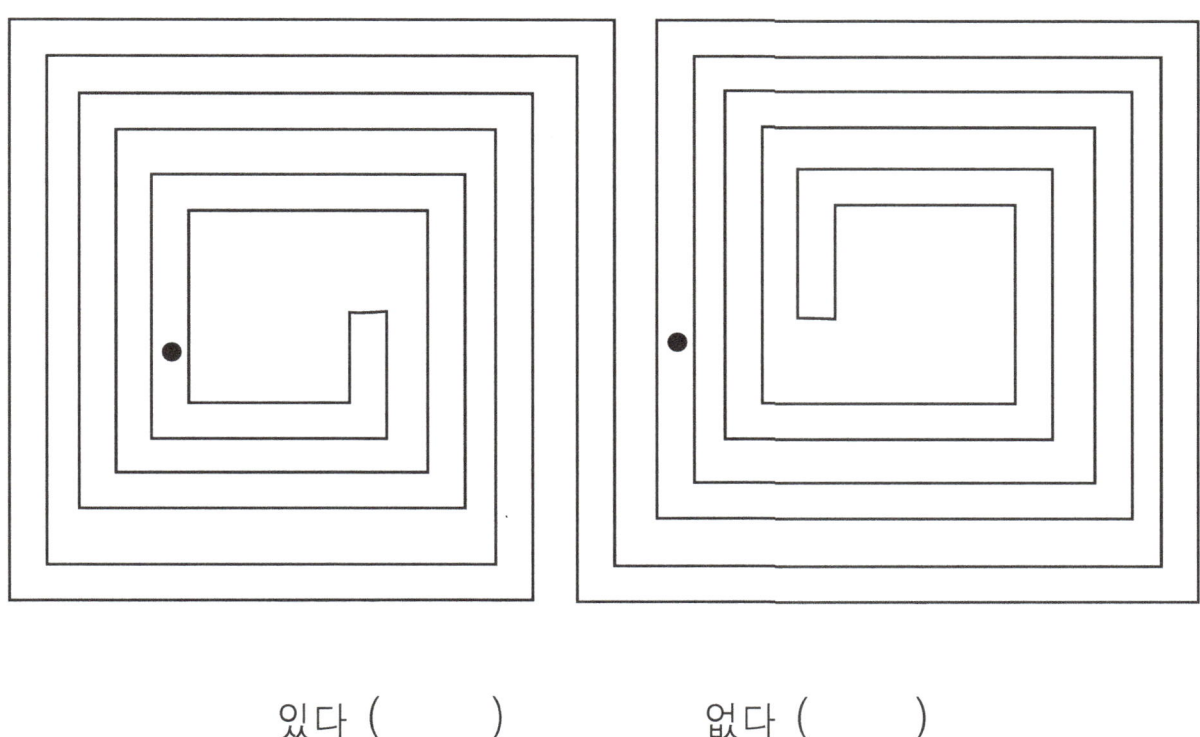

있다 (　　)　　　없다 (　　)

문제 35(풀이)

길을 따라간다면 두 점이 만날 수 있을까요?
맞는 것에 ○ 표 하시오.(제한 시간 10초)

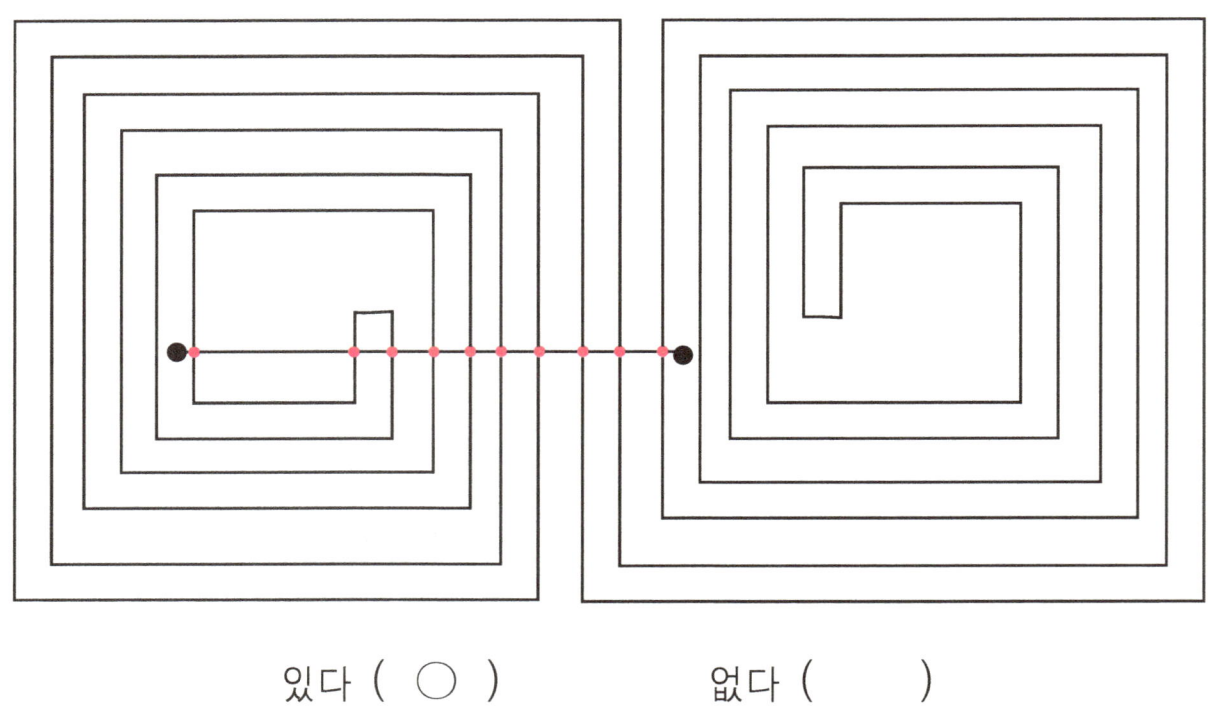

있다 (○)   없다 (   )

직선을 그어 점을 연결하였을 때 만나는 점이 짝수이면 두 점이 만나고 홀수이면 못만난다.

문제 36 · 동전 지불하기

동전이 (보기)와 같이 있습니다. 사탕 12원을 지불하는 방법은 몇 가지인지 쓰시오.

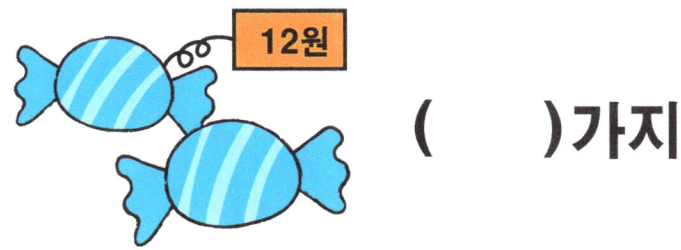

( )가지

문제 36(풀이)

동전이 〈보기〉와 같이 있습니다. 사탕 12원을 지불하는 방법은 몇 가지인지 쓰시오.

 (3)가지

10원 1원 1원 =12원

5원 5원 1원 1원 =12원

5원 1원 1원 1원 1원 1원 1원 1원 =12원

문제 37 · 동전 개수 알기

10원짜리와 5원짜리 동전 6개로 45원을 만들었습니다.
동전은 각각 몇 개일까요?

45원

5원 =(   ) 개

10원 =(   ) 개

문제 37(풀이)

10원짜리와 5원짜리 동전 6개로 45원을 만들었습니다.
동전은 각각 몇 개일까요?

45원

5원 = (3) 개 = 15원

10원 = (3) 개 = 30원

15 + 30 = 45

문제 38 · 두 수의 합 알기

교과서를 펼쳤을 때 마주보는 쪽 수의 합이 17입니다.
펼친 면은 몇 쪽과 몇 쪽인가요?

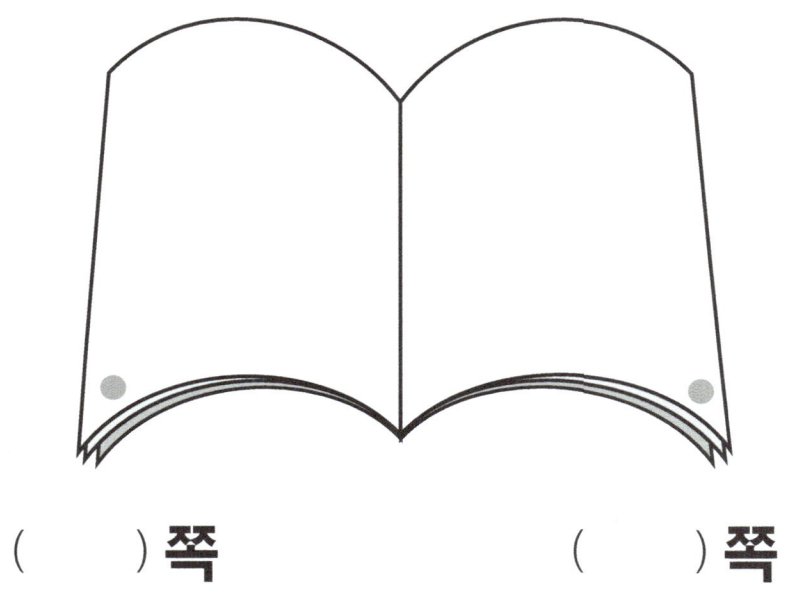

(　　)쪽　　　　(　　)쪽

문제 38(풀이)

교과서를 펼쳤을 때 마주보는 쪽 수의 합이 17입니다.
펼친 면은 몇 쪽과 몇 쪽인가요?

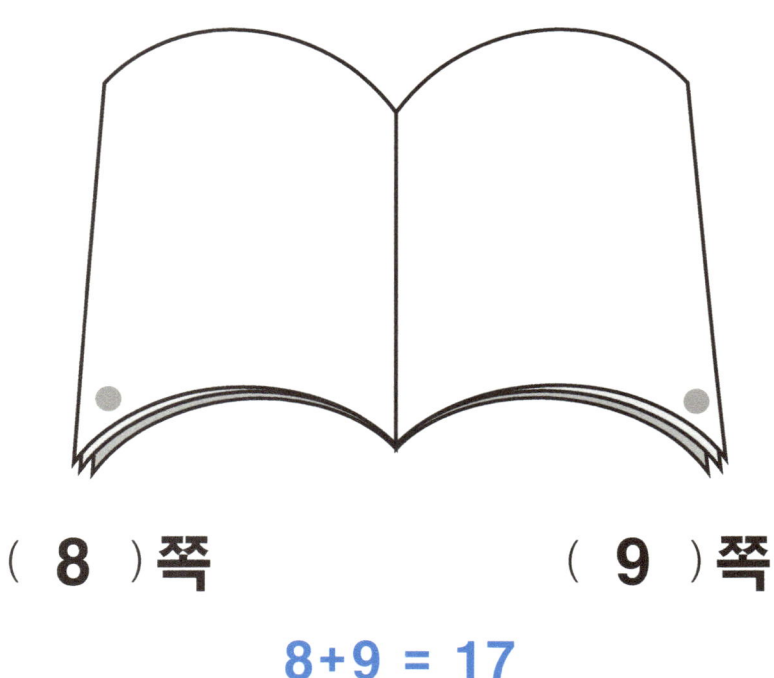

(**8**)쪽   (**9**)쪽

8+9 = 17

마주보는 쪽수는 연속수여야 합니다.

문제 39 · 동물 수 세기

강아지 다리는 4개, 비둘기 다리는 2개입니다.
강아지와 비둘기의 수는 5마리이고 다리의 수는 14개이면
강아지와 비둘기는 각각 몇 마리인지 알맞은 수를 쓰시오.

동물 = 5마리

다리 = 14개

강아지 (　　) 마리

비둘기 (　　) 마리

문제 39(풀이)

강아지 다리는 4개, 비둘기 다리는 2개입니다.
강아지와 비둘기의 수는 5마리이고 다리의 수는 14개이면
강아지와 비둘기는 각각 몇 마리인지 알맞은 수를 쓰시오.

동물 = 5마리

다리 = 14개

 강아지 (**2**) 마리 =8개

 비둘기 (**3**) 마리 =6개

8+6=14

문제 40 · 식탁 수 세기

다리가 3개, 4개인 식탁이 있습니다.
식탁의 다리 수는 모두 21개이고 식탁은 6개입니다.
식탁의 수는 각각 몇 개인지 그 개수를 쓰시오.

( )개

( )개

문제 40(풀이)

다리가 3개, 4개인 식탁이 있습니다.
식탁의 다리 수는 모두 21개이고 식탁은 6개입니다.
식탁의 수는 각각 몇 개인지 그 개수를 쓰시오.

(**3**)개

(**3**)개

3+3+3=9   4+4+4=12

상위 10% 영재아를 위한

한버공 영재 수학퀴즈

1. 3. 4권 차례

① 차 례

문제 1 · 다각형 알기............ 5

문제 2 · 다각형 알기............ 7

문제 3 · 입체도형 알기......... 9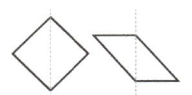

문제 4 · 선대칭 알기............ 11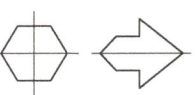

문제 5 · 선대칭 알기............ 13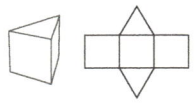

문제 6 · 입체도형 전개도 알기... 15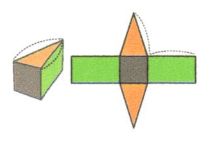

문제 7 · 이등변 삼각기둥 전개도 알기...17

문제 8 · 정사면체 전개도 알기... 19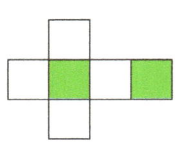

문제 9 · 정육면체 전개도알기 ... 21

문제 10 · 주사위 눈 위치 알기......... 23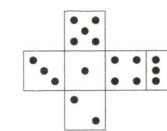

문제 11 · 주사위 숫자 위치 알기 ...... 25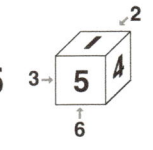

문제 12 · 주사위 굴리기................27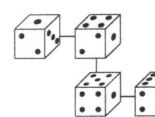

문제 13 · 두조각 같은 모양으로 나누기... 29

문제 14 · 두조각 같은 모양으로 나누기... 31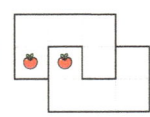

문제 15 · 세조각 같은 모양으로 나누기... 33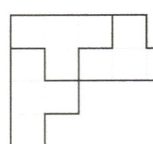

문제 16 · 네조각 같은 모양으로 나누기... 35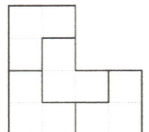

문제 17 · 네조각 같은 모양으로 나누기... 37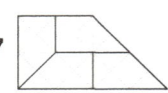

문제 18 · 정사각형 4개 연결하기....... 39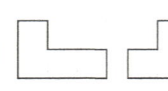

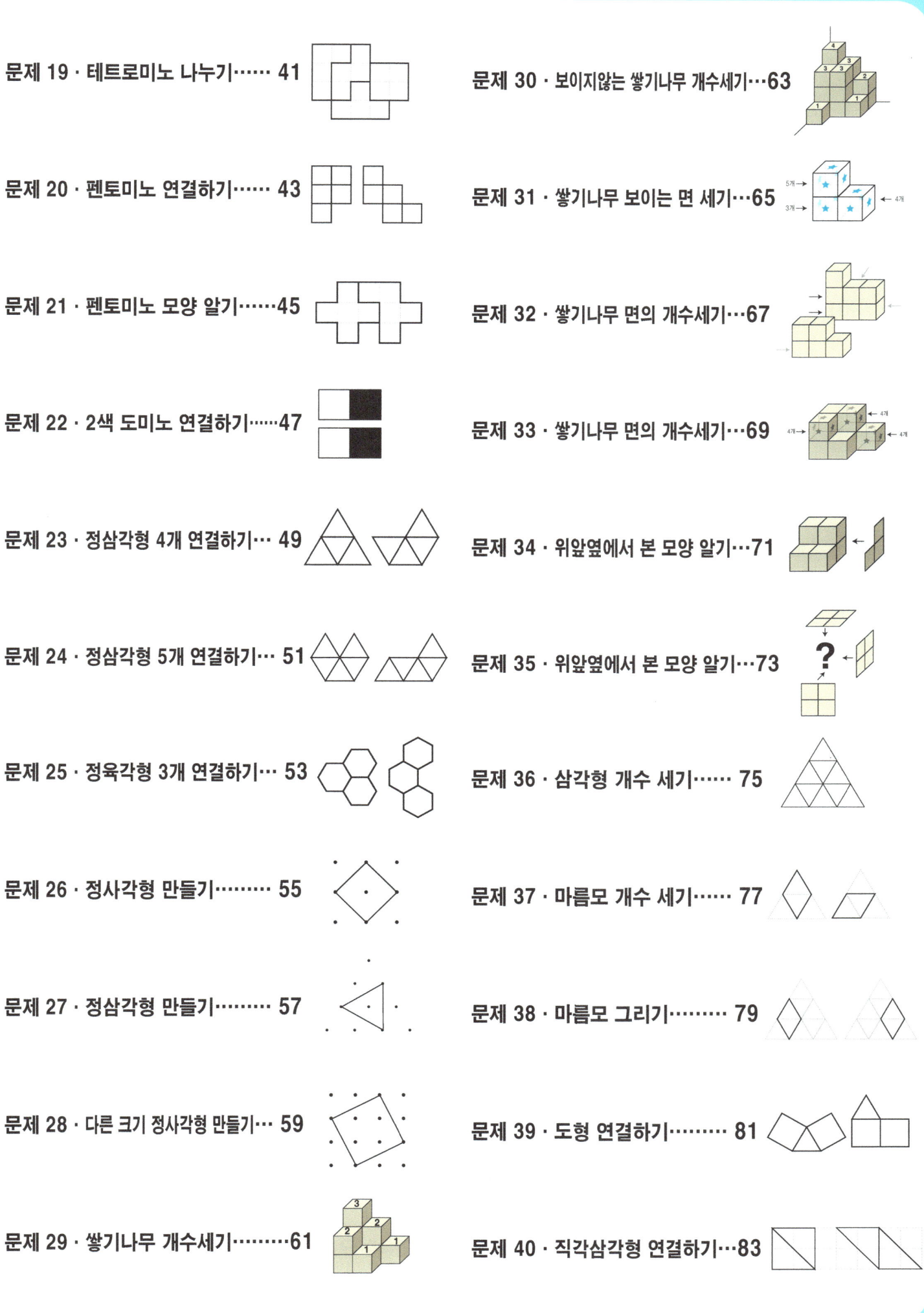

문제 19 · 테트로미노 나누기 …… 41	문제 30 · 보이지않는 쌓기나무 개수세기 … 63
문제 20 · 펜토미노 연결하기 …… 43	문제 31 · 쌓기나무 보이는 면 세기 … 65
문제 21 · 펜토미노 모양 알기 …… 45	문제 32 · 쌓기나무 면의 개수세기 … 67
문제 22 · 2색 도미노 연결하기 …… 47	문제 33 · 쌓기나무 면의 개수세기 … 69
문제 23 · 정삼각형 4개 연결하기 … 49	문제 34 · 위앞옆에서 본 모양 알기 … 71
문제 24 · 정삼각형 5개 연결하기 … 51	문제 35 · 위앞옆에서 본 모양 알기 … 73
문제 25 · 정육각형 3개 연결하기 … 53	문제 36 · 삼각형 개수 세기 …… 75
문제 26 · 정사각형 만들기 ……… 55	문제 37 · 마름모 개수 세기 …… 77
문제 27 · 정삼각형 만들기 ……… 57	문제 38 · 마름모 그리기 ……… 79
문제 28 · 다른 크기 정사각형 만들기 … 59	문제 39 · 도형 연결하기 ……… 81
문제 29 · 쌓기나무 개수세기 ……… 61	문제 40 · 직각삼각형 연결하기 … 83

③ 차 례

문제 1 · 정사각형 넓이 구하기 … 5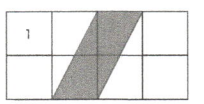

문제 2 · 도형의 둘레 구하기 …… 7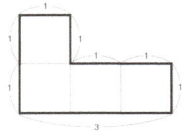

문제 3 · 도형의 둘레 구하기 …… 9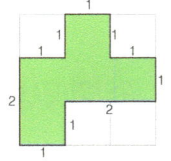

문제 4 · 도형의 둘레 비교 ……… 11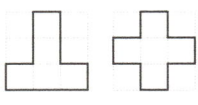

문제 5 · 도형의 둘레 비교 ……… 13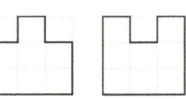

문제 6 · 자른 도형 둘레 비교 …… 15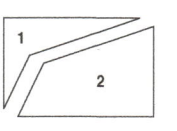

문제 7 · 도형의 넓이 비교 ……… 17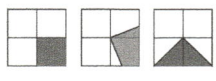

문제 8 · 정사각형 넓이 구하기 … 19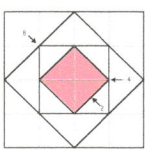

문제 9 · 삼각형 넓이 비교 ……… 21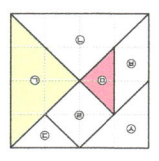

문제 10 · 숫자 찾기 ………… 23   1, 2, 3, 4, 5, 6, 7, 8, 9, 10, 11, ⑫, 13, 14, 15, 16, 17, 18, 19, ⑳ ㉑ ㉒ ㉓ ㉔ ㉕ ㉖ ㉗ ㉘ ㉙

문제 11 · 부호 넣어 식 완성하기 … 25   7 (+) 7 (−) 7 = 7

문제 12 · 부호 넣어 식 완성하기 … 27   4(+)5(+)8(−)8 = 9

문제 13 · 부호 넣어 식 완성하기 … 29   1(+)2(+)3(−)4(+)5(−)6 =

문제 14 · 덧뺄셈하여 숫자 만들기 … 31   10 = 9+1 11 = 9+3−1
12 = 9+3 13 = 9+3+1

문제 15 · 큰 수 작은 수 만들기 …… 33   (1 3 9)(9 3 1)

문제 16 · 세번째 큰 수 만들기 …… 35   120 0, 1, 2

문제 17 · 두 수의 합 구하기 ……… 37   (41)+(32)=(73)

문제 18 · 연속수 구하기 ………… 39   4 + 5 + 6 = 15

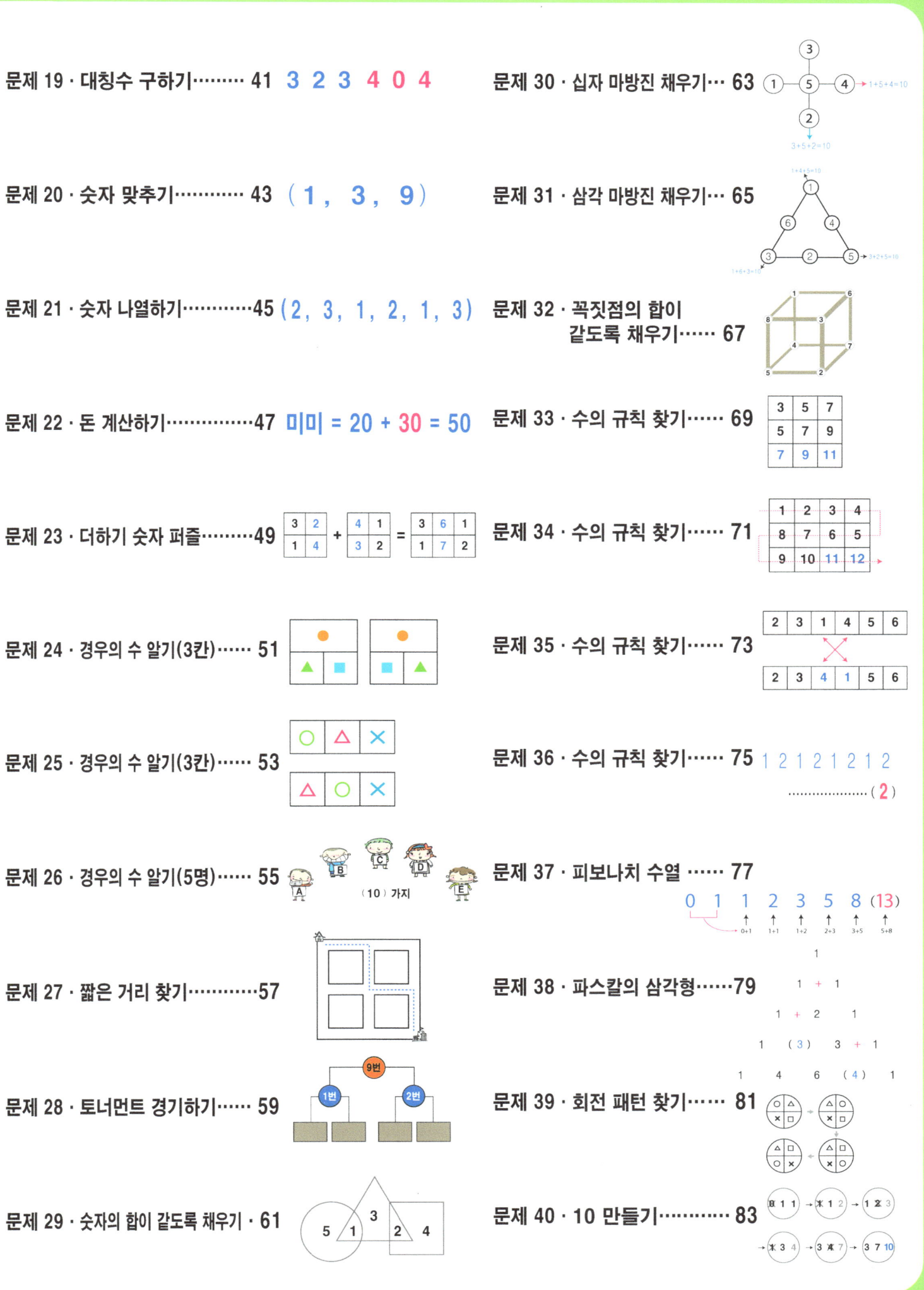

차 례 ④

문제 1 · 같은 그림 연결하기 ·5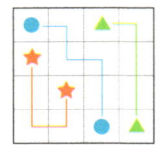

문제 2 · 같은 그림 연결하기 ·7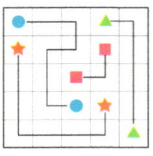

문제 3 · 길 연결하기 ········9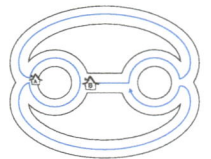

문제 4 · 한 붓 그리기 찾기 ···11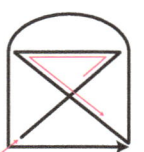

문제 5 · 한 붓 그리기 ······ 13

문제 6 · 한 붓 그리기 ······ 15

문제 7 · 길 만들기 ········ 17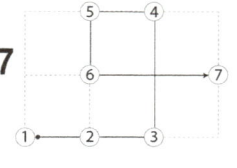

문제 8 · 바둑돌 줍기 ······ 19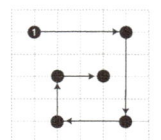

문제 9 · 바둑돌 줍기 ······ 21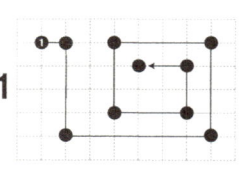

문제 10 · 바둑돌 줍기 ·········· 23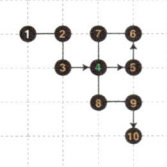

문제 11 · 사다리 지우기 ·········· 25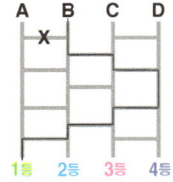

문제 12 · 짧은 거리 찾기 ·········· 27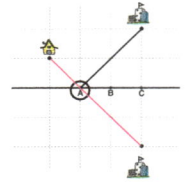

문제 13 · 코딩 명령어 놀이 ········· 29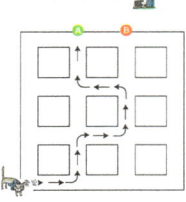

문제 14 · 무거운 구슬 찾기 ········ 31

문제 15 · 무거운 구슬 찾기 ········ 33

문제 16 · 투명 필름 겹치기 ········ 35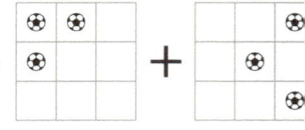

문제 17 · 투명 필름 겹치기 ········ 37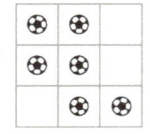

문제 18 · 숫자의 대칭 ············ 39

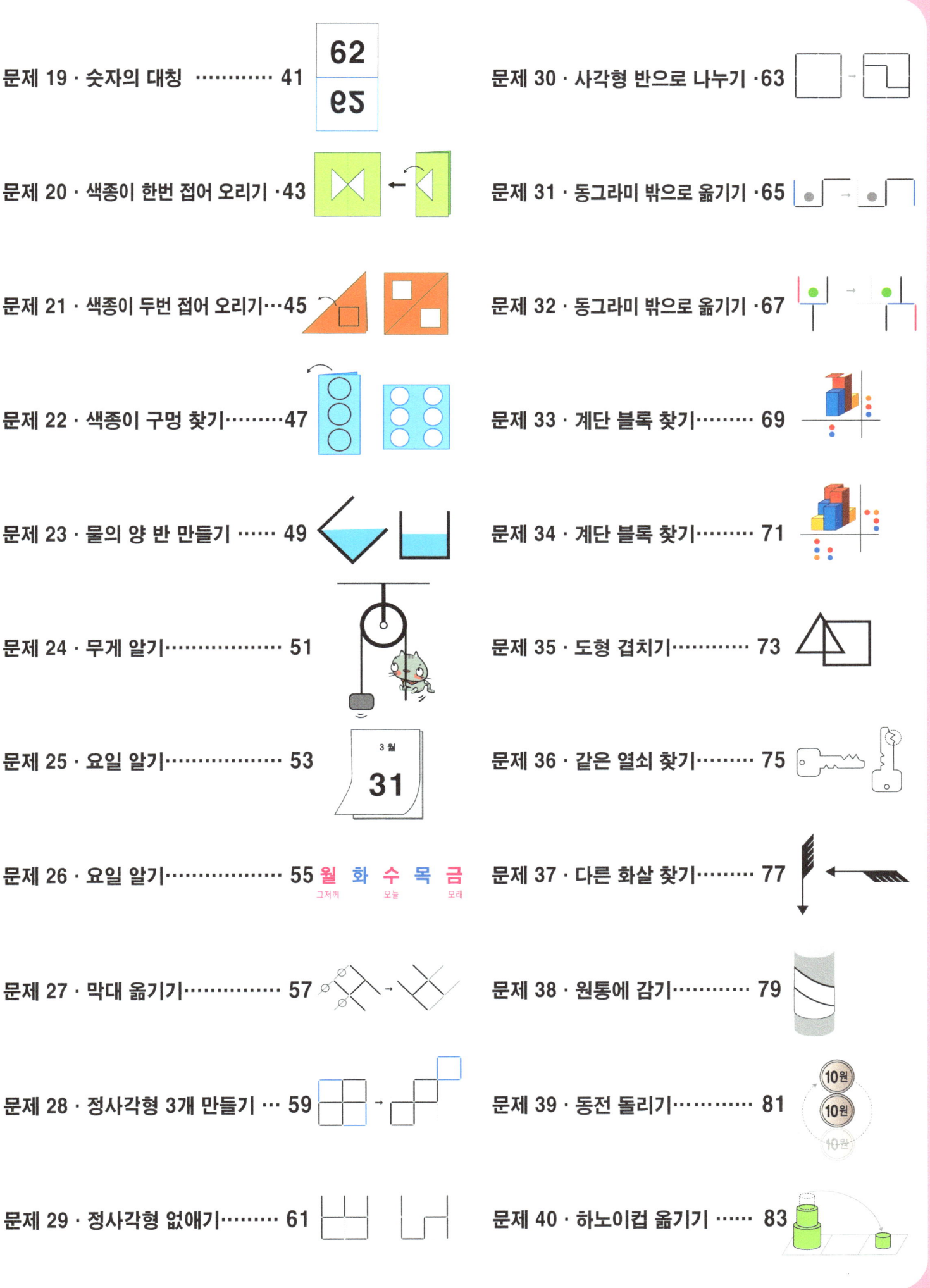

문제 19 · 숫자의 대칭 ············ 41
문제 20 · 색종이 한번 접어 오리기 ·43
문제 21 · 색종이 두번 접어 오리기···45
문제 22 · 색종이 구멍 찾기········47
문제 23 · 물의 양 반 만들기 ······ 49
문제 24 · 무게 알기················ 51
문제 25 · 요일 알기················ 53
문제 26 · 요일 알기················ 55
문제 27 · 막대 옮기기··············· 57
문제 28 · 정사각형 3개 만들기 ··· 59
문제 29 · 정사각형 없애기········· 61

문제 30 · 사각형 반으로 나누기 ·63
문제 31 · 동그라미 밖으로 옮기기 ·65
문제 32 · 동그라미 밖으로 옮기기 ·67
문제 33 · 계단 블록 찾기········ 69
문제 34 · 계단 블록 찾기········ 71
문제 35 · 도형 겹치기············ 73
문제 36 · 같은 열쇠 찾기······· 75
문제 37 · 다른 화살 찾기········ 77
문제 38 · 원통에 감기··········· 79
문제 39 · 동전 돌리기············ 81
문제 40 · 하노이컵 옮기기 ······ 83

한버공 영재 수학 퀴즈.2권

초판 발행일 : 2025년 3월 10일

지은이 : 한버공
펴낸 곳 : 청송문화사
　　　　　서울시 중구 수표로 2길 13
홈페이지 : www.kidzone.kr
전화 : 02-2279-5865
팩스 : 02-2279-5864
등록번호 : 2-2086 / 등록날짜 : 1995년 12월 14일

가격 : 14000원
잘못 인쇄된 책은 서점이나 본사에서 바꿔 드립니다.

한버공 영재 수학 퀴즈.2권